应用型高等院校经管类系列实验教材·工商管理

ERP沙盘模拟实验

尚晓玲 王小燕 梁 云／主编

ERP Sha Pan Mo Ni Shi Yan

经济科学出版社
Economic Science Press

图书在版编目（CIP）数据

ERP沙盘模拟实验／尚晓玲，王小燕，梁云主编．—北京：经济科学出版社，2011.3

应用型高等院校经管类系列实验教材·工商管理

ISBN 978－7－5141－0436－3

Ⅰ.①E… Ⅱ.①尚…②王…③梁… Ⅲ.①企业管理－计算机管理系统，ERP－高等学校－教材 Ⅳ.①F270.7

中国版本图书馆CIP数据核字（2011）第027623号

责任编辑：白留杰 张占芬
责任校对：韩 宇
技术编辑：李 鹏

ERP沙盘模拟实验
尚晓玲 王小燕 梁 云 主编
经济科学出版社出版、发行 新华书店经销
社址：北京市海淀区阜成路甲28号 邮编：100142
教材编辑中心电话：88191354 发行部电话：88191540
网址：www.esp.com.cn
电子邮件：bailiujie518@126.com
北京中科印刷有限公司印装
787×1092 16开 8印张 190000字
2011年3月第1版 2012年2月第2次印刷
ISBN 978－7－5141－0436－3 定价：14.00元

总　序

实践教学是高等教育本质的必然要求，是践行应用型人才培养的必经之路，是地方行业性教学型本科院校办学的重要特征。近几年来，各高校经济与管理类专业实验教学已经逐步开展，把实验教学作为教学改革的抓手、知识融合的平台以及联系社会的桥梁，然而如何进一步完善实验教学体系、提高实验实践教学水平与质量已经成为各高校亟待解决的问题。应用型高等院校经管类系列实验教材以提高高等院校经济与管理类专业实验教学的建设水平为目的，以实验教材建设为突破口，探讨高等院校经济与管理类实验教材的新方向、新思路、新内容、新模式。

本系列实验教材的编写紧紧围绕“知行合一，能力为尚，积淀特色，共享协作”的地方行业性教学型经济与管理类实验教学理念，贯彻以现代教育技术为基本手段，以实验资源共享与应用为条件，强化理论教学与实践教学互动与互补，“实践与理论相结合”和在“做中学”的指导思想，强调实验教材建设与实验课程建设、实验项目建设、实验教师队伍建设以及深化实验教学改革相结合，力图通过系列教材建设规范实验教学内容和实验项目，促进实验教学质量的提高。

（一）本系列实验教材内容与教学方式符合实验教学规律和要求。具体表现在以下几个方面：

1. 实验教材以实验项目为章节，按如下体例编写：实验目的和实验要求；实验的基本原理；实验仪器、软件和材料或实验环境；实验方法和操作步骤；实验注意事项；数据处理和实验结果分析；实验报告。当然，对于不同的课程，根据其本身的学科特点，实验教材的编写体例并不完全一致。

2. 增加综合性、设计性、创新性实验项目的比例，并逐步将科研成果项目转化为教材的实验项目。

3. 与当前流行的实验平台软件或硬件及教材内容紧密结合，符合一般软件要求。

4. 充分体现以学生为主体，明确实验教学的内涵。实验教学过程体现以学生操作为主，教师辅导为辅，少量时间教师讲解，大部分时间学生操作的特点。

5. 按实验教学规律分配学时，并且有多余的实验项目供学生利用开放实验室自主学习。

6. 内容精练，主次分明，详略得当，文字通俗易懂，图表与正文密切配合。

（二）本系列实验教材遵循实验教学规律，体现时代特色，总体来说，具有以下四个特点：

1. 与现代典型案例相结合。以培养应用型人才为原则，根据实验教学大纲，注重理论联系实际，教材具有较强的实践性、新颖性、启发性和适用性，有利于培养学生的实践能力和创新能力。

2. 建设形式新颖。实验教材分为纸质实验教材和网络资源的形式；纸质教材实验报告尝试做成活页形式，或做成可撕下的带切割线形式；在纸质教材出版后，配套建有供学生实验前和实验后学习使用的网络资源。

3. 实验内容创新。对于实验教材编写内容上的创新，一是凸显应用型人才培养特色实验项目，提高了综合性、设计性、创新性实验项目的比例；二是将教师的科研成果转化为本科学生实验教学项目。

4. 编写程序严格。对实验教材的申请立项的实验教材经由学院领导及专家进行立项审查；实验教材初稿经由相关同行专家给出鉴定，最终审核后，送交出版社评审出版。

本系列教材得到各方面人士的指导、支持和帮助，尤其是得到中国经济信息学会实验经济学与经济管理实验室专业委员会的专家，广东金电集团等多家业界人士，以及各高校同行老师们的支持和帮助，我们在此表示由衷的感谢。本系列实验教材尚处于探索阶段，作为一种努力和尝试，存在诸多不足之处，竭诚希望得到广大同行及相关专家的批评指正。

应用型高等院校经管类系列实验教材编委会

2009 年 12 月

前　言

高等院校的管理类课程具有实践性的特点，但是在教学过程中，我们大多运用理论教学加上案例分析的方法，学生缺少接触管理实践的机会，这不仅直接影响了教学的效果，同时也使学生的理论运用能力受到一定程度的限制。通过开设ERP沙盘模拟实验课程，运用沙盘教具来进行企业经营实践活动的模拟实验，学生模拟企业各部门的管理人员，进行企业的模拟经营，使他们体会到市场竞争的不确定性以及竞争的残酷性，对理论教学过程中的战略管理、运营管理、营销管理等课程内容的重要性加深了理解，能够灵活应用学过的专业知识，更好地为经营其模拟企业献计献策。这门实验课程受到教师和学生的普遍欢迎，各高校也把沙盘模拟实验课程作为解决教学与实践脱节问题的工具之一，不仅针对工商管理类学生开设该门课程，同时扩大了课程范围，使其成为经管专业学生的一门必修课程。

本书主要结合作者进行企业管理、生产运作管理等相关理论课程教学以及ERP沙盘模拟实验课程的教学经验，编撰而成。ERP沙盘模拟实验主要是结合金蝶软件有限公司的ERP沙盘教具，强化企业经营管理理论的综合应用，解决企业经营过程中出现的问题。希望帮助各专业的同学了解企业管理的内容与方法。

在本书编写过程中得到了广东金融学院的吴茵老师、田小丹老师、黄琳老师的大力协助，他们根据各自在教学过程中遇到的实际问题，对本书架构、实验运营规则等提出了很多很好的建议。另外，也得到了金蝶公司培训教育部王全胜经理的大力支持，进行了初稿的审核，并提出许多宝贵意见，在此表示衷心的感谢。

由于时间紧促，本书在编写中难免存有疏忽、不当之处，恳请各位读者批评指正，以便我们不断改进，反馈意见可以直接发送邮箱 sxl@gduf.edu.cn，也可以通过出版社转达，谢谢。

编　者

目　录

第一部分　ERP 沙盘综合模拟实验原理

第二部分　单项实验

实验一　认识自我组建团队实验 ………………………………………… (33)

实验二　ERP 沙盘盘面认知实验 ………………………………………… (36)

实验三　合法经营规则认知实验 ………………………………………… (39)

实验四　赛前热身实战演示实验 ………………………………………… (41)

第三部分　综合实验

实验五　ERP 沙盘模拟实验 ………………………………………… (47)

附录一　ERP 沙盘系统盘面设计 ………………………………………… (54)

附录二　ERP 沙盘系统模拟运营规则 ………………………………………… (59)

附录三　实验报告 ………………………………………… (67)

附录四　广告投放单 ………………………………………… (69)

附录五　模拟企业简介及其市场预测 ………………………………………… (71)

附录六　经营过程记录表 ………………………………………… (79)

参考文献 ………………………………………… (117)

第一部分 ERP 沙盘综合模拟实验原理

企业一般是指从事生产、流通和服务等活动，为满足社会需要，进行自主经营、自负盈亏、承担风险、实行独立核算、具有法人资格的基本经济组织。企业管理就是由经理人员或者管理机构对企业的经济活动过程进行计划、组织、指挥、协调、控制，以提高经济效益，实现盈利这一目的的活动的总称。

企业的生产经营管理包括两大部分，一部分是生产管理，即对以生产为中心的基本生产过程、辅助生产过程以及生产前的技术准备过程和生产后的服务过程的管理。另一部分是经营管理，即从企业联系到社会经济的流通、分配、消费等过程，包括物资供应、产品销售、市场预测与市场调查、对用户服务在内的管理。

企业作为一个以盈利为目的的组织，管理的目标可概括为求生存、促发展、谋盈利。企业如何以市场为对象，以商品生产和商品交换为手段，使企业的投资、生产、销售等经济活动与企业的外部环境保持动态均衡，这是摆在企业经营管理人员面前的一道难题。托尔斯泰说过“幸福的家庭都是一样的，不幸的家庭却各有各的不幸”，成功企业的经营管理模式是不可复制的。虽然企业的经营管理活动是没有一定的模板可参考、可复制的，但 ERP 沙盘模拟实验可以帮助我们来模拟实际生产经营过程，提升我们的管理能力。

企业资源的配置需要综合考虑市场、原材料、生产设备、市场营销、技术创新等各种因素，学生根据这些因素在企业经营中所占的权重以及各类因素所需要花费的成本、所能创造的效益等，在实验中对这些因素进行选择，从而展开对自己所模拟企业的经营管理活动。企业的经营过程实际上是这些因素综合作用的结果。而这一综合结果，反映了学生对社会、经济和市场发展趋势分析的准确性，对竞争对手的分析和自身分析的正确性，并最终检验自己经营思想、所选择经营战略的合理性以及经营的效果。我们依据定性或者定量的决策方法作为我们制定战略的依据。

一、战略管理模块

在具体的沙盘模拟实验中，要求根据模拟企业简介中“跃进”公司初始阶段的实际情况以及未来 7 年各种产品的市场需求量和价格的预测，分析企业的内、外部环境，确定未来

7 个会计年度的经营过程模拟企业的总体战略。主要考虑问题有：我们想成为什么样的公司？规模大的还是小的？我们生产的产品是多品种的，还是少品种的？市场开拓方面，采用多市场还是少市场策略？我们是努力成为市场领导者还是市场追随者？为什么？针对这些问题，可以采用波士顿矩阵方法、SWOT 分析方法以及战略地位和行动评估矩阵帮助我们制定相应战略。

1. 波士顿矩阵。波士顿矩阵（Boston Consulting Group Matrix）是美国波士顿咨询公司在1960 年提出的一种投资组合分析方法，又被称为经营单位组合分析法、公司业务组合矩阵、BCG 矩阵等，这种方法是将企业生产经营的全部产品或业务组合作为一个整体进行分析，常用来分析企业相关经营之间现金流量的平衡问题。通过这种方法，企业可以找到企业资源的生产单位和这些资源的最佳使用单位。面对千变万化的市场环境，针对多业务的公司，为了使公司能够选择有利发展的机会，取得切实可行的经营实效，就必须在各项业务之间合理地分配资源。在此过程中不能仅凭印象，认为哪项业务有前途，就将资源投向哪里，而是应该根据潜在利润分析各项业务在企业中所处的地位来决定，这种分析的主要目的在于要把企业中高盈利、低发展潜力业务的资金投向具有长远发展和盈利能力、更有吸引力的业务中去。波士顿矩阵法是一种用于评估公司投资组合的有效模式，见图 1－1。

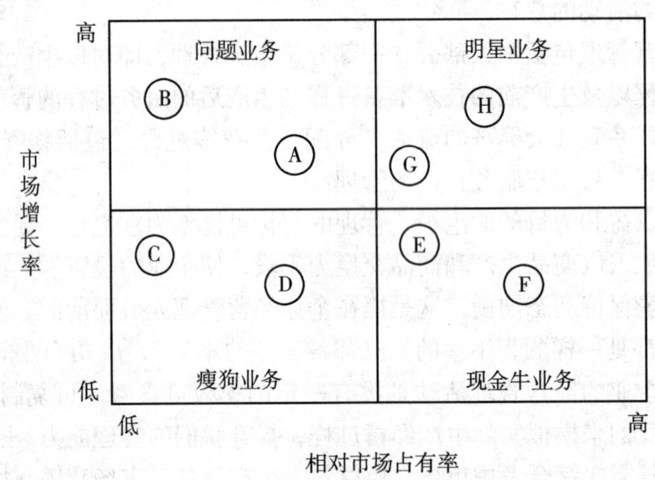

图 1－1　企业经营业务的组合

波士顿矩阵的横轴表示企业在行业中的相对市场份额，也就是企业某项业务的市场份额与这个市场上最大竞争对手的市场份额之比，通过它来反映企业在市场上的竞争地位，波士顿矩阵的纵轴表示企业的市场增长率，是指企业所在产业某项业务前后两年市场销售额增长的百分比。这一增长率表示每项经营业务所在市场的相对吸引力。通常用 10% 作为增长率高、低的分界线（若大于 10% 为高增长，若小于 10% 为低增长）。用 20% 作为市场占有率高、低的分界线（若大于 20% 为高占有率，若小于 20% 为低占有率）。图 1－1 中，纵坐标与横坐标的交叉点表示企业的一项业务或产品，圆圈面积的大小表示该业务或产品的收益与企业全部收益的比。

根据产业市场增长率和企业相对市场份额标准，在确定企业经营业务发展方向时，应综合考虑到该项经营业务的市场增长情况以及企业在该市场上的相对竞争地位。该项业务的市场增长情况通过整个行业最近两年平均的市场销售增长率来表示；相对竞争地位通过相对市场份额来表示，它决定了企业在该项业务经营中获得现金回笼的能力及速度。由此，波士顿矩阵可以把企业经营业务的状况分成四种类型，见图 1－1。

（1）低增长—弱竞争地位的“瘦狗”业务。这类业务处于饱和的市场之中，竞争激烈，可获利润很低，不能成为企业资金的来源。如果这类业务尚能自我维持，则应缩小经营范围，加强内部管理。如果这类业务已彻底失败，企业应及早采取措施，清理业务或退出经营。

（2）高增长—弱竞争地位的“问题”业务。这类业务通常处于最差的现金流状态，一方面它所在产业的市场增长率高，企业需要大量的投资支持其生产经营活动；而另一方面它的相对份额地位较低，产生的收益并不高。在这种情况下，企业应对“幼童”业务未来的盈利能力进行分析，决定是否要进一步进行投资，如果认为不可能转化，则应及时放弃，将投资转移至收益较高的“明星”业务。

（3）低增长—强竞争地位的“现金牛”业务。经营单位的特点是企业拥有较高市场占有率，相对竞争地位强，而业务增长率较低，从而为企业带来较多的利润，同时需要较少的资金投资。这种业务产生的大量现金用以支持其他业务的发展，满足企业经营的需要。应该将当前市场份额的维护和增加作为经营的主要方向，其目的是使该类业务成为企业发展的重要资金来源。

（4）高增长—强竞争地位的“明星”业务。这类业务处于迅速增长的市场，具有很大的市场份额。在企业的全部业务中，“明星”业务的增长或获利有着极好的长期机会，但它们也是企业资源的主要消费者，需要大量的投资。为了保护和扩展“明星”业务在增长的市场上占主导地位，企业应在短期内优先供给它们所需的资源，支持它们的高速发展。

因此，可以看到比较理想的经营业务组合情况：企业有较多的“明星”和“现金牛”类业务，同时有一定数量的“问题”类和极少量的“瘦狗”类业务。

把“现金牛”类业务作为企业近期利润和资金的主要来源来加以保护，但不作为重点投资的对象；本着有选择和集中运用企业有限资源的原则，将资金重点投放到将来有希望的“明星”或“问题”类上；根据情况，有选择地抛弃“瘦狗”类和无转化希望的“问题”类业务。

波士顿矩阵分析法作为最早的组合分析法之一，是十分有价值的一种思想。它通过企业内外部环境的综合分析，得到企业的业务发展战略的理论依据。并能用来帮助企业推断竞争对手相关业务的战略，更好地指导企业生产经营。

另外，累积学习曲线（Cumulative Learning Curve）效应假定：如果公司能够适当的生产产品和管理生产过程，则产品生产累积量的每一个显著增加，都会带来可预计的单位产品成本的下降。特别是，波士顿咨询集团语言，销售量每翻一番，单位产品成本一般要下降 20%～30%，这个结论显然说明占有最大市场份额的业务将有最低的成本。

2. SWOT 分析。SWOT（Strengths-Weaknesses-Opportunities-Threats Matrix）分析是一种综合考虑企业内部条件和外部环境的各种因素，进行系统评价，从而选择最佳经营战略的方法，其中的 S 是指企业的优势（Strength），W 是指企业的劣势（Weakness），O 是指企业外部环境的机会（Opportunity），T 是指企业外部环境的威胁（Threat）。使用 SWOT 方法的前提是企业已经对一个或者几个业务有了初步的选择意向，通过分析可以进一步考察这些业务领域是否适合企业进入，是否能够建立持久竞争优势。

SWOT分析方法的基本思路，首先是外部环境分析和企业能力分析，然后将企业的优势和劣势与环境中的机会和风险进行配对分析，形成对环境的战略设想，并进行持久竞争优势检验，最后形成企业战略。该分析法的基本要点就在于企业战略的制定必须使其内部能力分析中的优势和劣势与外部环境分析中的机会和威胁相适应，并且要对企业的综合情况进行客观公正的分析。

SWOT分析的完成应该是在下列一些问题得到解答之后：（1）在公司现有的内外部环境下，公司如何最优地运用自己的资源，在分配公司资源时哪些机会应该拥有最高优先权。（2）为了更好地对新出现的行业和竞争环境做出反应，必须对公司的资源采取哪些调整行动。（3）是否存在需要弥补的资源缺口，公司需要从哪些方面加强其资源。（4）要建立公司未来的资源必须采取哪些行动。表1-1是SWOT分析中通常需要考虑的内外部因素。

表1-1　SWOT分析要素

内部环境因素		外部环境因素	
潜在内部优势（S）	潜在内部劣势（W）	潜在外部机会（O）	潜在外部威胁（T）
产权、竞争、成本优势	竞争劣势	纵向一体化	市场增长较慢
特殊能力	设备老化	市场增长迅速	竞争压力增大
产品创新	产品线太窄	可以增加互补产品	不利的政府政策
规模经济性	技术开发水平滞后	能争取到新的用户群	新的竞争者进入行业
良好的财务资源	营销水平低于其他竞争者	又进入新市场的可能	替代产品销售额逐步上升
高素质的管理人员	管理不善	有能力进入更好的企业集团	用户讨价还价能力增强
公认的行业领先者	不明原因的利润率下降	在同行业中竞争业绩优良	用户需要与爱好逐步转变
买方的良好印象	资金拮据	扩展产品线满足用户需要	通货膨胀递增
适应力强的经营战略	成本过高	其他	其他
其他	其他		

从表现形式上来看，SWOT一般采用十字图结构，见图1-2。具体方法是建立一个十字象限。横轴表示为内部优势与劣势，纵轴表示外部机会与威胁，然后将表1-1所示各类要素逐项打分，按其重要程度加权并求其代数和，再将所得结果在SWOT分析图上具体定位，根据其所在的象限，确定企业战略能力。

根据所在象限不同，企业战略可以分为：

（1）增长型战略（SO），就是依靠内部优势去抓住外部机会的战略。如一个资源雄厚的企业（具有内部优势）发现某一国际市场尚未饱和（存在外部机会），那么它就应该采取SO战略去开拓这一市场。

（2）扭转型战略（WO），就是利用外部机会来弥补企业内部劣势的战略。例如，当市场上对于某项业务的需求快速增长的时候（外部机会），企业自身却缺乏这一方面的资源

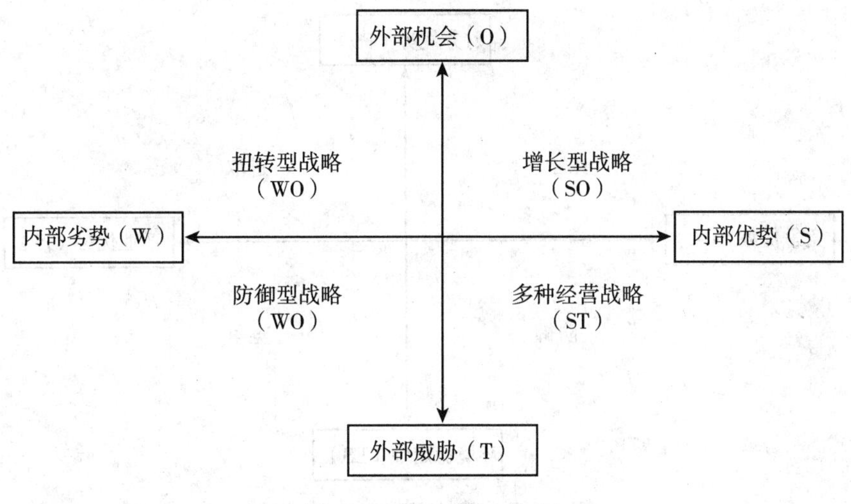

图 1－2　SWOT 分析

（内部劣势），企业就应该抓紧时机采取扭转型战略，购买相关设备、技术，雇用技术人员或者干脆购并一个相关企业，以抓住这个机会。

（3）多种经营战略（ST），就是利用企业的优势去避免或减轻外部威胁的打击。如一个企业的销售渠道很多（内在优势），但是由于种种限制又不允许它经营其他产品（外在威胁），那么企业就应该采取多种经营战略，在产品的多样化以及其他方面多下点工夫。

（4）防御型战略（WT），就是减少内部弱点同时避免外部威胁的战略。例如，一个资金不充裕（内在劣势），而市场对其产品的认知度又不高（外在威胁）的企业就应该采取防御型战略，稳扎稳打地强化企业管理，提高产品质量，稳定供应渠道，或者以联合、合并的方式谋求长期的生存和发展。

3. 战略地位和行动评估矩阵（SPACE Matrix）。SWOT 分析以简单明了的方法提供了一个企业战略能力评价的工具，但是它也有一定的不足，那就是内外部环境因素对不同企业的战略影响的方向可能是不一致的。例如以产业发展潜力与产业的稳定性为分析指标时，它对于新兴产业和成熟产业的战略影响就是大不一样的，新兴产业对发展潜力指标比较重视，而成熟产业则更偏重于行业的稳定性。在这种情况下，当得到 SWOT 分析结果时，我们无法判断到底是由于哪些因素决定企业采取这种战略的，仅提供方向而没有量化标准的分析不是十分具有说服力。

为了克服 SWOT 分析的不足，我们可以采用战略地位和行动评估矩阵（Strategic Position and Action Evaluation，SPACE Matrix）。该矩阵的轴线代表两个内部因素——财务优势（FS）和竞争优势（CA），以及两个外部因素——环境稳定性（ES）和产业优势（IS），四象限图表示进取、保守、防御和竞争这四种战略中哪个最适合于特定的企业，见图 1－3。

根据企业类型的不同，SPACE 矩阵轴线可以代表多种不同的变量。表 1－2 给出了一些被普遍采用的变量。例如，投资收益、财务杠杆比率、偿债能力、流动资金、现金流动等均被普遍地看作是企业财务优势的决定性因素。

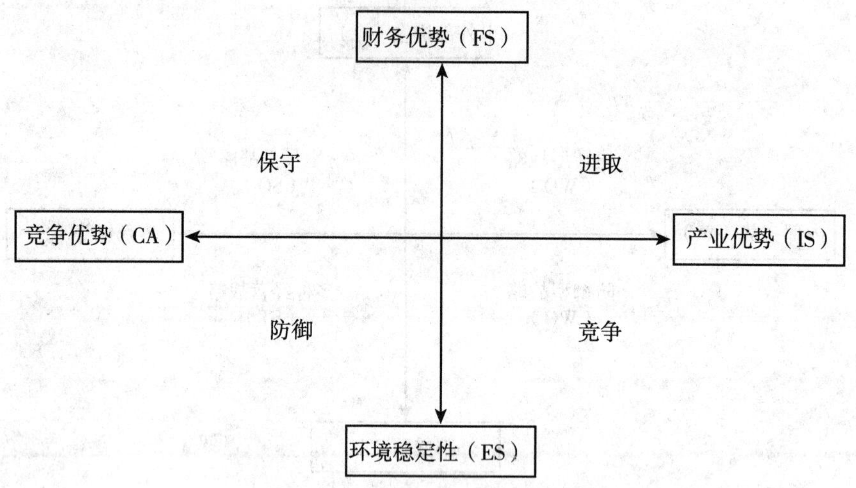

图1-3 SPACE matrix 分析

表1-2 SPACE 矩阵分析要素

内部环境因素		外部环境因素	
财务优势（FS）	竞争优势（CA）	环境稳定性（ES）	产业优势（IS）
投资收益	市场份额	技术变化	增长潜力
杠杆比率	产品质量	通货膨胀率	盈利能力
偿债能力	产品生命周期	需求变化性	财务稳定性
流动资金	用户忠诚度	竞争产品的价格范围	专有技术知识
现金流动	竞争能力利用率	市场进入壁垒	资源利用
退出市场的方便性	专有技术知识	竞争压力	资本密集性
业务风险	对供应商和经销商的控制	价格需求弹性	进入市场的便利性
			生产效率和生产能力利用率

建立 SPACE 矩阵的步骤如下：

（1）选择构成财务优势（FS）、竞争优势（CA）、环境稳定性（ES）和产业优势（IS）的一组变量。

对构成 FS 和 IS 轴的各变量给予从 +1（最差）到 +6（最好）的评分值，给构成 ES 和 CA 轴的各变量给予从 -1（最好）到 -6（最差）的评分值。

（2）将各数轴所有变量的评分相加，再分别除以各数轴变量总数，得出 FA、CA、IS、ES 各自的平均分数。

（3）将 FS、CA、IS、ES 各自的平均分数标在各自数轴上。将横轴上的两个分数相加，将结果标在横轴上；将纵轴上的两个分数相加，将结果标在纵轴上。标出横、纵数值的交点。

(4) 自 SPACE 矩阵的原点至横轴和纵轴的交点画一条向量，这一向量即表明了企业可采取的战略类型：进取、竞争、防御或保守。

通过 SPACE 分析可以得出的各种战略态势见图 1 -4。

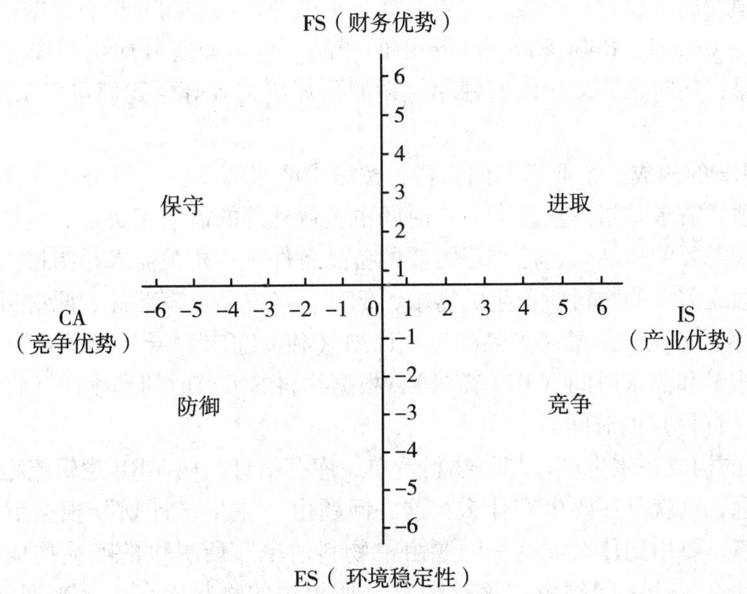

图 1 -4　各种战略态势组合

由图 1 -4 可知，当向量位于图中不同象限的时候，企业应该所采取的战略也是不一样的：

(1) 当向量处于进取象限时（右上角象限），企业正处于一种绝佳的竞争地位，它可以利用自己的内部优势来抓住外部机会、克服内部弱点和回避外部威胁。从而根据企业面对的具体情况，可以采用以下战略以及它们的组合：市场渗透、市场开发、产品开发、后向一体化、前向一体化、横向一体化、混合式多元经营、集中式多元经营、横向多元经营或结合式战略等。

(2) 当向量处于保守象限时（左上角象限），意味着企业应固守基本竞争优势而不要过于冒险。保守型经营战略通常包括市场渗透、市场开发、产品开发及集中多元化经营。

(3) 当向量处于防御象限时（左下角象限），意味着企业应集中精力克服内部弱点并回避外部威胁。防御型战略包括紧缩、剥离、结业清算和集中化多元经营。

(4) 当向量处于竞争象限时（右下角象限），这表明企业应该采取竞争性战略。竞争性战略有后向一体化、前向一体化、横向一体化、市场渗透、市场开发、产品开发及组建合资企业。

SWOT 分析方法、波士顿矩阵方法以及战略地位和行动评估矩阵（SPACE Matrix）这三种方法成为我们制定战略的重要依据。

二、生产管理模块

生产管理模块的工作顺利开展的主要依据是正确的市场预测分析。根据市场的需求状况选择生产 Beryl、Crystal、Ruby 和 Sapphire 中的产品，包括如何分配生产线，生产系统的最大产能如何安排，何时采购多少的何种原材料的预算决策等等。我们可以采用 MRP 的逻辑运算过程。

1. 基本 MRP 的构成。企业内部的物料，按需求的来源不同，可分为独立需求和相关需求两种类型。独立需求是指需求量和需求时间由企业外部的需求来决定，例如，客户订购的产品、科研试制需要的样品、售后维修需要的备品备件等；相关需求是指根据物料之间的结构组成关系由独立需求的物料所产生的需求，例如，半成品、零部件、原材料等的需求。

MRP 的基本任务是：从最终产品的生产计划（独立需求）导出相关物料（原材料、零部件等）的需求量和需求时间（相关需求）；根据物料的需求时间和生产（订货）周期来确定其开始生产（订货）的时间。

基本 MRP 的构成：主生产计划、物料清单、库存信息。从 MRP 逻辑流程图 1－5 上看，要回答四个问题，这就是：要生产什么？这一问题由“主生产计划”根据市场预测或销售合同来确定回答。要用到什么？这一问题由“物料清单”所提供的产品构成状况来确定回答。已经有了什么？这一问题由“库存信息”所提供的物料库存水平来回答。还缺什么？什么时候下达计划？这一问题由输出的计算结果来回答。

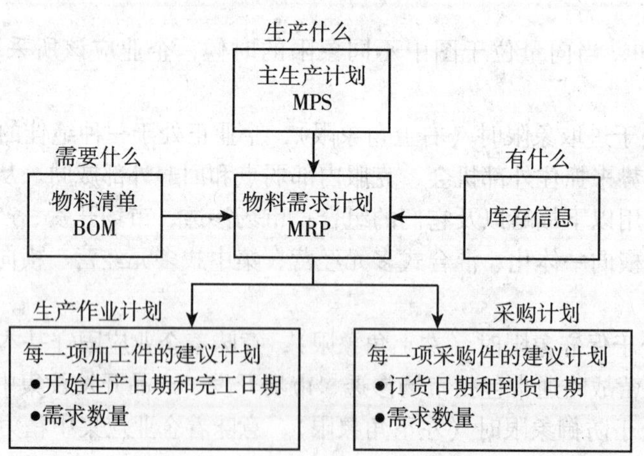

图 1－5　MRP 逻辑流程

主生产计划（Master Production Schedule，MPS）是确定每一具体的最终产品在每一具体时间段内生产数量的计划。这里的最终产品是指对于企业来说最终完成、要出厂的完成品，它要具体到产品的品种、型号。这里的具体时间段，通常是以周为单位，在有些情况下，也可以是日、旬、月。主生产计划详细规定生产什么、什么时段应该产出，它是独立需求计划。主生产计划根据客户合同和市场预测，把经营计划或生产大纲中的产品系列具体化，使之成为展开物料需求计划的主要依据，起到了从综合计划向具体计划过渡的承上启下作用。

产品结构与物料清单（Bill of Material，BOM）能够帮助我们正确计算出物料需求的时间和数量，特别是相关需求物料的数量和时间，首先要使系统能够知道企业所制造的产品结构和所有要使用到的物料。产品结构列出构成成品或装配件的所有部件、组件、零件等的组成、装配关系和数量要求。它是 MRP 产品拆零的基础。

库存信息是保存企业所有产品、零部件、在制品、原材料等存在状态的数据库。在 MRP 系统中，将产品、零部件、在制品、原材料甚至工装工具等统称为“物料”或“项目”。为便于计算机识别，必须对物料进行编码。物料编码是 MRP 系统识别物料的唯一标识。

2. MRP 的运算逻辑。基本 MRP 的运算逻辑见图 1 - 6。

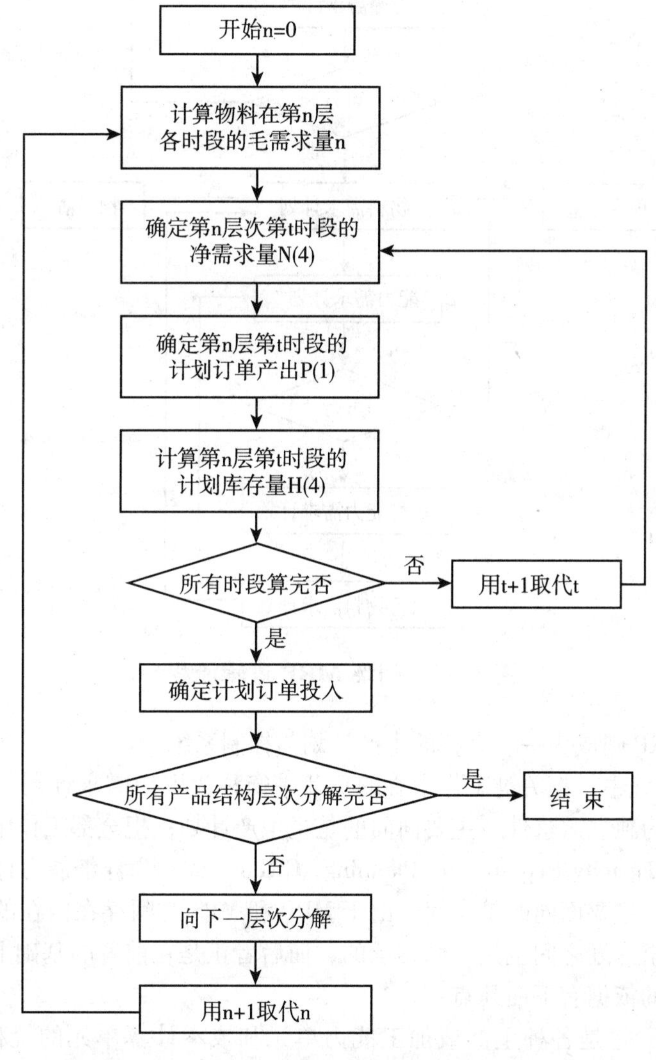

图 1 - 6　基本 MRP 逻辑流程

MRP 系统在 70 年代发展为闭环 MRP 系统。闭环 MRP 系统除了物料需求计划外，还将生产能力需求计划、车间作业计划和采购作业计划也全部纳入 MRP，形成一个封闭的系统。

MRP 系统的正常运行，需要有一个现实可行的主生产计划。它除了要反映市场需求和合同订单以外，还必须满足企业的生产能力约束条件。因此，除了要编制资源需求计划外，我们还要制订能力需求计划（CRP），同各个工作中心的能力进行平衡。只有在采取了措施做到能力与资源均满足负荷需求时，才能开始执行计划。

而要保证实现计划就要控制计划，执行 MRP 时要用派工单来控制加工的优先级，用采购单来控制采购的优先级。这样，基本 MRP 系统进一步发展，把能力需求计划和执行及控制计划的功能也包括进来，形成一个环形回路，称为闭环 MRP，见图 1 -7。

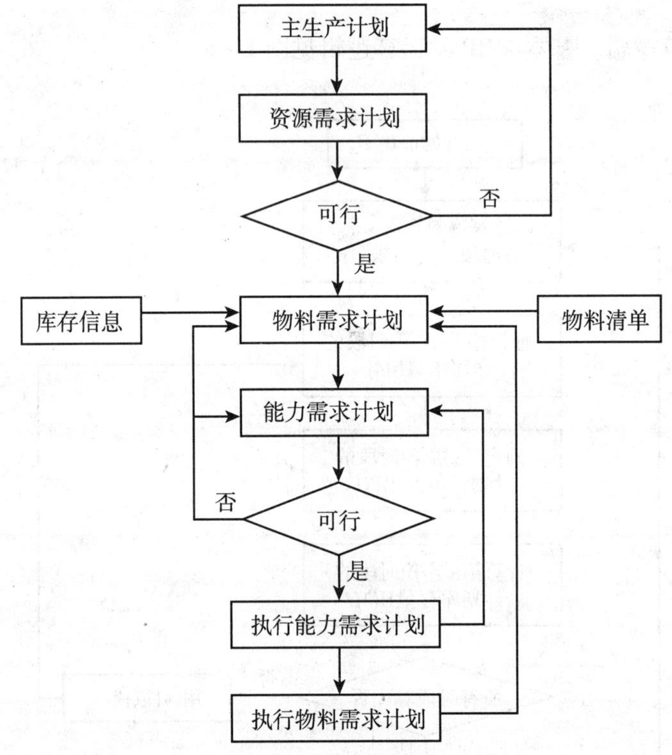

图 1 -7　闭环 MRP 逻辑流程

因此，闭环 MRP 则成为一个完整的生产计划与控制系统。

在闭环 MRP 系统中，把关键工作中心的负荷平衡称为资源需求计划，或称为粗能力计划，它的计划对象为独立需求件，主要面向的是主生产计划；把全部工作中心的负荷平衡称为能力需求计划（Capacity Requirement Planning，CRP），或称为详细能力计划，而它的计划对象为相关需求件，主要面向的是车间。由于 MRP 和 MPS 之间存在内在的联系，所以资源需求计划与能力需求计划之间也是一脉相承的，而后者正是在前者的基础上进行计算的。

能力需求计划的依据有下面几点：

（1）工作中心：它是各种生产或加工能力单元和成本计算单元的统称。对工作中心，都统一用工时来量化其能力的大小。

（2）工作日历：是用于编制计划的特殊形式的日历，它是由普通日历除去每周双休日、假日、停工和其他不生产的日子，并将日期表示为顺序形式而形成的。

（3）工艺路线：是一种反映制造某项“物料”加工方法及加工次序的文件。它说明加工和装配的工序顺序，每道工序使用的工作中心、各项时间定额、外协工序的时间和费用等。

（4）由 MRP 输出的零部件作业计划。

闭环 MRP 的基本目标是满足客户和市场的需求，因此在编制能力需求计划时，总是先不考虑能力约束而优先保证计划需求，然后再进行能力计划。经过多次反复运算，调整核实，才转入下一个阶段。能力需求计划的逻辑运算过程就是把物料需求计划订单换算成能力需求数量，生成能力需求报表。这个过程可用图 1 －8 来表示。

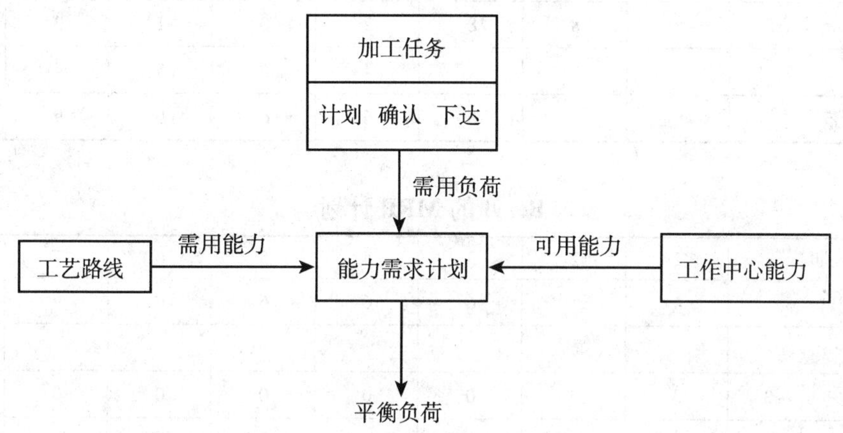

图 1 －8　能力需求报表生成过程

当然，在计划时段中也有可能出现能力需求超负荷或低负荷的情况。闭环 MRP 能力计划通常是通过报表的形式（直方图是常用工具）向计划人员报告之，但是并不进行能力负荷的自动平衡，这个工作由计划人员人工完成。

各工作中心能力与负荷需求基本平衡后，接下来的一步就要集中解决如何具体地组织生产活动，使各种资源既能合理利用又能按期完成各项订单任务，并将客观生产活动进行的状况及时反馈到系统中，以便根据实际情况进行调整与控制，这就是现场作业控制。它的工作内容一般包括以下四个方面：

（1）车间订单下达：订单下达是核实 MRP 生成的计划订单，并转换为下达订单。

（2）作业排序：它是指从工作中心的角度控制加工工件的作业顺序或作业优先级。

先到先服务规则；最短作业时间规则；超限最短加工时间规则；最早到期规则；最短松弛时间规则。

（3）投入产出控制：是一种监控作业流（正在作业的车间订单）通过工作中心的技术方法。利用投入/产出报告，可以分析生产中存在的问题，采取相应的措施。

（4）作业信息反馈：它主要是跟踪作业订单在制造过程中的运动，收集各种资源消耗的实际数据，更新库存余额并完成 MRP 的闭环。

3. 实例分析。在实验过程中，以 Crystal 为例，采用 MRP 逻辑运算，计算其原料的采购期。由附录 ERP 沙盘系统模拟运营规则我们知道 Crystal 的产品结构，由一个 Beryl 和一个原料 M2 构成，而一个 Beryl 由一个原料 M1 构成，Crystal 加工的提前期为 1Q，批量为 3，库存为8。Beryl加工的提前期为2Q，库存为3，原料M2和原料M1的采购提前期均为1Q，库存均为3，采购批量均为5，表1－3至表1－6是产品Crystal、Beryl以及所需要的原料M1和M2的MRP计划表。

表1－3　　Crystal的MRP计划

周　期		1	2	3	4	5		7	8
总需求量					12	8	5	5	9
计划入库量									
现有数	8	8	8	8	2	0	1	2	2
净需求量					4	6	5	4	7
计划发出订货量				6	6	6	6	9	

表1－4　　Beryl的MRP计划

周　期		1	2	3	4	5	6	7	8
总需求量				6	6	6	6	9	
计划入库量									
现有数	3	3	3	0	0	0	0	0	
净需求量				3	6	6	6	9	
计划发出订货量		3	6	6	6	9			

表1－5　　M2的MRP计划　　库存为3，采购批量为5，采购提前期均为1Q

周　期		1	2	3	4	5	6	7	8
总需求量				6	6	6	6	9	
计划入库量									
现有数	3	3	3	2	1	0	4	0	
净需求量				3	4	5	6	5	
计划发出订货量			5	5	5	10	5	10	

表1－6　　M1的MRP计划　　库存为3，采购批量为5，采购提前期均为1Q

周　期		1	2	3	4	5	6	7	8
总需求量		3	6	6	6	9			
计划入库量									
现有数	3	0	4	3	2	3			
净需求量			6	2	3	7			
计划发出订货量		10	5	5	10				

由以上的示例可知我们在制定采购决策时，应该合理、有效地利用组织的资源，在各个时间段内合理地进行原料的采购，尽量减少资金的占用，后者很好地利用了原料采购的规则，减轻了企业资金紧张的压力。

三、财务管理模块

财务管理是一项以资金运动为对象，利用资金、成本、收入等价值形式组织企业生产经营中的价值的形成、实现和分配，并处理在这种价值运动中的经济关系的综合性管理活动。由图 1－9 所示，财务管理是企业经营管理的重要组成部分，财务管理与企业其他职能活动关系密切，财务管理主要运用价值形式，对企业资本活动实施管理，并通过价值形式这个纽带，把企业各项管理工作有机地协调起来，从财务的角度，保证企业管理目标的实现。所以，财务管理不仅是企业管理中的一个独立方面，而且也是一项综合性的管理工作。

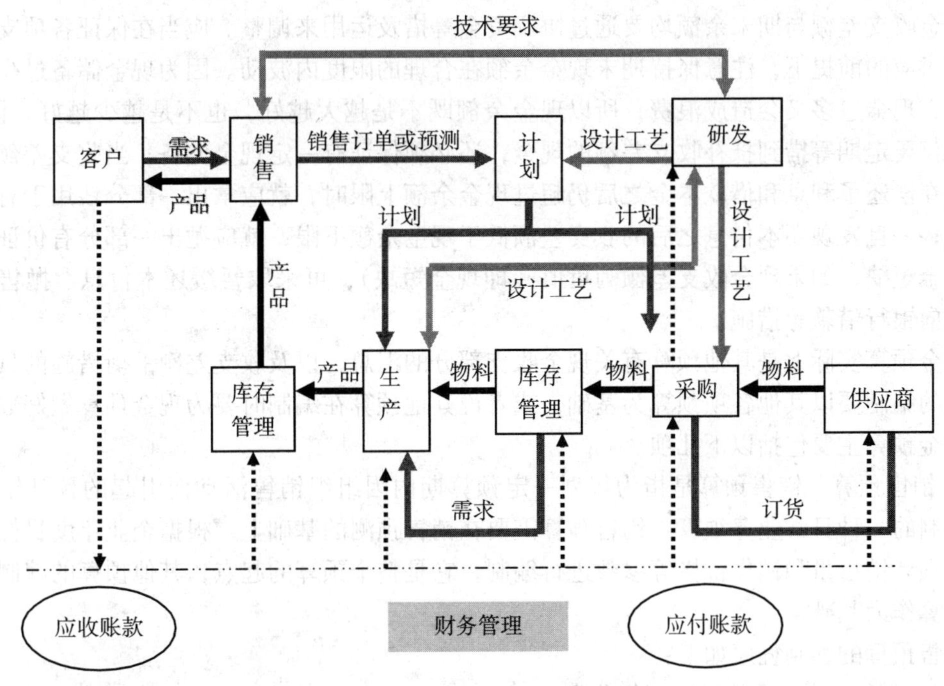

图 1－9　财务管理与其他职能活动的关系

财务管理主要是资金管理。资金流转的起点和终点是现金，其他资产都是现金在流转中的转化形式。因此，财务管理的对象也可说是现金及其流转，在生产经营中，现金变为非现金资产，非现金资产又变为现金，这种周而复始的流转过程称为现金流转。这种流转无始无终，不断循环，又称为现金的循环或资金循环。现金变为非现金资产，然后又回到现金，所需时间不超过一年的流转途径，称为现金的短期循环。短期循环中的资产是流动资产，包括现金本身和企业正常经营周期内可以完全转变为现金的存货、应收账款、短期投资及某些待摊和预付费用等。现金变为非现金资产，然后又回到现金，所需时间在一年以上的流转途径，称为现金的长期循环，长期循环中的非现金资产是长期资产，包括固定资产、长期投资、递延资产等。

这里着重介绍在实验过程中涉及的现金预算。

现金预算亦称现金收支预算，它是以日常业务预算和特种决策预算为基础所编制的反映现金收支情况的预算。这里的现金是指企业的库存现金和银行存款等货币资金。现金预算的内容包括现金收入、现金支出、现金余缺、现金筹措和使用以及现金期初余额、期末余额等。

该预算中，现金收入主要指经营活动的现金收入，包括预算期间的期初现金余额加上本期预计可能发生的现金收入，其主要来源是销售收入和应收账款的回收，可以从销售预算中获得有关资料。现金支出包括预算期间预计可能发生的一切现金支出，包括各项经营性现金支出，用于交纳税金、股利分配的支出，购买设备等资本性支出，可以从直接材料、直接人工、制造费用、经营费用、管理费及专门决策预算等中获得有关资料。现金余缺是将现金收入总额与现金支出总额相抵，如果收入大于支出即出现剩余，反之则出现短缺。

现金收支差额与期末余额均要通过协调资金筹措及运用来调整。应当在保证各项支出所需资金供应的前提下，注意保持期末现金余额在合理的限度内波动。因为现金储备过少会影响周转，现金过多又会造成浪费，所以现金余额既不是越大越好，也不是越少越好。因此，企业不仅要定期筹措到抵补收支差额的现金，还必须保证有一定现金储备。当收支差额为正值时，在偿还了利息和借款本金之后仍超过现金余额上限时，就应拿出一部分钱用于有价证券投资；一旦发现还本付息之后的收支差额低于现金余额下限，就应抛出一部分有价证券来补足现金短缺；如果现金收支差额为负值（即现金短缺），可采取暂缓还本付息、抛售有价证券或向银行借款等措施。

现金预算实际上是其他预算有关现金收支部分的汇总，以及收支差额平衡措施的具体计划。它的编制要以其他各项预算为基础，或者说其他预算在编制时要为现金预算做好数据准备。现金预算主要包括以下几项。

1. 销售预算。销售预算是指为规划一定预算期内因组织销售活动而引起的预计销售收入而编制的一种日常业务须算。销售预算需要在销售预测的基础上，根据企业年度目标利润确定的预计销售量和销售价格等参数进行编制，它是整个预算的起点，其他预算的编制都以销售预算作为基础。

销售预算的编制程序如下：

（1）计算各种产品的预计销售收入。

（2）计算预算期所有产品的预计销售收入总额。

（3）预计在预算期发生的与销售收入相关的增值税和销项税税额。

（4）预计预算期含税销售收入。

2. 生产预算。生产预算是指为规划一定预算期内预计生产量水平而编制的一种日常业务预算。

生产预算需要根据预计的销售量按品种分别编制。该预算是所有日常业务预算中唯一使用实物计量单位的预算，可以为进一步编制有关成本和费用预算提供实物量数据。由于企业的生产和销售不能做到“同步同量”，必须设置一定的存货以保证均衡生产。因此，预算期间除必须备有充足的产品以供销售外，还应考虑预计期初存货和预计期末存货等因素。预计期末存货通常按照下期销售量的一定百分比确定，期末存货确定后，各期预计生产量就可以按以下公式计算：

预计生产量 = 预计销售量 + 预计期末存货量 - 预计期初存货量

预计期末库存 = 下期销售量 × 期末库存率

预计期初存货 = 上期期末存货

3. 直接材料预算。直接材料预算是为规划一定预算期内因组织生产活动和材料采购活动预计发生的直接材料需用量、采购数量和采购成本而编制的一种经营预算。本预算以生产预算、材料消耗定额和预计材料采购单价等信息为基础，并考虑期初期末存货水平。直接材料预算包括需要量预算和采购预算两个部分。本预算以生产预算、材料消耗定额和预计采购单价等信息为基础，并考虑期初、期末材料存货水平。

4. 直接人工预算。直接人工预算是指为规划一定预算期内人工工时的消耗水平和人工成本水平而编制的一种经营预算。直接人工成本包括直接工资和按直接工资的一定比例计算的其他直接费用（应付福利费）。该预算是以生产预算为基础编制的，根据生产预算中预计的生产量和生产单位产品所需的工时计算出各期所需直接人工小时数，再乘以小时工资率，计算出各期预计的直接人工成本。单位产品所需的直接人工小时数，可根据规定的劳动定额和历史资料来确定。

5. 制造费用预算。制造费用预算是指为规划一定预算期内，除直接材料和直接人工预算以外预计发生的其他生产费用水平而编制的一种日常业务预算。

当以变动成本法为基础编制制造费用预算时，可按变动性制造费用和固定性制造费用两部分内容分别编制。变动性制造费用预算根据预计生产量和预计变动费用分配率计算；固定性制造费用可在上期的基础上根据预期变动加以适当修正进行预计，并作为期间成本直接列入利润表作为收入的扣除项目。

制造费用项目中，大部分是需要当前用现金支付的，但也有一部分是非付现成本，比如固定资产折旧费等。因此，为了便于编制现金预算，在编制制造费用预算时也应该包括一个预算现金支出的部分。

6. 产品成本预算。产品成本预算是指为规划一定预算期内每种产品的单位产品成本、生产成本、销售成本等内容而编制的一种日常业务预算。本预算需要在生产预算、直接材料预算、直接人工预算和制造费用预算的基础上编制；同时，也为编制预计利润表和预计资产负债表提供数据。

7. 销售费用预算。销售费用预算是指为规划一定预算期内企业在销售阶段组织产品销售预计发生的各项费用水平而编制的一种日常业务预算。

销售费用预算的编制方法与制造费用预算的编制方法非常接近，也可将其划分为变动性和固定性两部分费用。但对随销售量成正比例变动的那部分变动性销售费用，只需要反映各个项目的单位产品费用分配额即可。对于固定性销售费用，只需要按项目反映全年预计水平。

对于固定性销售费用的现金支出可以采取两种处理方法：第一种方法是根据全年固定性销售费用的预算总额扣除其中的非付现成本（如销售机构的折旧费）的差额在年内各季度

平均分摊。第二种方法不主张其在年度内各季度平均分摊，而是根据具体的付现成本项目的预计发生情况分季度编制预算。这是因为固定性销售费用中存在有部分属于年内待摊或预提的内容，如一次性支付的全年广告费和销售保险费等，这些开支的时间与收益期间不一致，对于这些跨期分摊的项目来说，任何平均费用都不等于实际支出，必须逐项按预计支出情况编制预算。

8. 管理费用的预算。管理费用预算是指为规划一定预算期内因管理企业预计发生的各项费用水平而编制的一种日常业务预算。因为管理费用大多为固定成本，为简化预算编制，本预算的编制可直接是按项目反映全年预计水平。

现金预算是预算期现金收入与现金支出安排平衡的预算，是全部经济活动有关现金收支方面的汇总反映。现金预算重点包括现金收入、现金支出、现金余缺、资金筹措及运用等方面。现金预算内容如表 1－7 所示。

表 1－7　　现金预算表

项　目	1	2	3	4
期初现金				
变卖生产线				
变卖原料				
变卖厂房				
应收款到期				
支付上年应交税				
广告费投入				
贴现费用				
利息（短期贷款）				
支付到期短期贷款				
原料采购支付现金				
转产费				
生产线投资				
生产费用				
产品研发投资				
支付行政管理费用				
利息（长期贷款）				
支付到期长期贷款				
维修费费用				
租金				
购买新建筑				
市场开拓投资				
ISO 认证投资				
其他				
现金余额				
需要新贷款				

注：有底纹的框可以不填。

现金收入包括营业现金收入和其他现金收入两部分，再加期初余额为本期可动用的现金。营业现金收入主要是产品销售收入，数据可以从销售计划中取得，会计人员可以根据销售计划资料编制现金收入计划，但应考虑区分现销与赊销。其他现金收入，通常有利息、股息、租金收入和固定资产变卖收入。

现金支出主要有营业现金支出和其他现金支出，加期末现金余额为本期所需资金支出总额。营业现金支出，主要有材料采购支出、工资支出和其他支出。材料采购现金支出数可以通过现金支出计划求得。在确定材料采购支出时，要注意：①采购材料付款的时间和金额与销售时间上相匹配；②要区分现购与赊购；③努力预测外部因素的影响和价格变动、供求状况等；④估计可能享受的折扣、折让及购货退回。而其他支出中的一些项目加营业费用、管理费用和财务费用等可以通过费用预算获得。其他现金支出，主要包括固定资产投资、更新改造支出、偿还债务本息支出、所得税支出、股息利息支出等。这些数据可以从相应计划预算中获得。

现金余缺即现金的多余或不足。数额为可动用现金总额减现金支出总额，如为正值，说明收大于交，现金有多余，应为多余的现金寻找出路，如可以用于偿还过去向银行取得的借款，或者用于短期投资；如为负值，说明交大于收，现金不足，要想办法筹措，如向银行取得新的借款，申请短期借款、发行债券或股票、吸收新投资者等筹足所需资金。

四、营销管理模块

通过本量利公式进行的盈亏平衡分析，就是分析企业产品销售量、产品成本、销售利润三者之间的内在关系，为帮助企业营销管理者在生产产品的选择、产品价格的制订、市场营销策略的制定和产品开发等方面决策提供信息支持，以作出正确的决策。盈亏平衡分析在各行各业日常管理中有着广泛的运用。

盈亏平衡分析又称保本点分析或本量利分析法，是根据产品的业务量（产量或销量）、成本、利润之间的相互制约关系的综合分析，用来预测利润，控制成本，判断经营状况的一种数学分析方法。一般说来，企业利润是销售收入扣除成本后的余额，即企业销售收入 = 成本 + 利润；而销售收入是产品销售量与销售单价的乘积，即销售收入 = 销售量 × 价格，如果利润为零，即所谓盈亏平衡点，是指企业在一定的条件下生产某种产品，经营结果既不赢也不亏，其产品销售收入等于产品总成本之点。因此，盈亏平衡点又被称为盈亏临界点或保本点。则有：

销售收入 = 成本 = 固定成本 + 变动成本

其中：

变动成本 = 单位变动成本 × 销售量

这样得到：

销售量 × 价格 = 固定成本 + 单位变动成本 × 销售量

可以推导出盈亏平衡点的计算公式为：

盈亏平衡点（销售量）= 固定成本/每计量单位的贡献差数

其中：

每计量单位的贡献差数＝价格－单位变动成本

其中变动成本（Variable Cost）是指总额随产量的增减而成正比例关系变化的成本，主要包括原材料费用、加工费用和计件工资，就单件产品而言，变动成本部分是不变的；固定成本（Fixed Cost）是指总额在一定期间和一定业务量范围内不随产量的增减而变动的成本，主要是指固定资产折旧和管理费用等。盈亏平衡分析模型如下：

总成本：$C = F + Cv \times Q$

总收入：$S = P \times Q$

列出盈亏平衡方程：$C = S$

$P \times Q = F + Cv \times Q$

盈亏平衡点：$Q = F/(P - Cv)$ 即：

盈亏平衡点产量＝固定成本/（单位产品销售收入－单位产品变动成本）

其中：P 为产品销售价格；F 为固定成本总额；Cv 为单件变动成本；Q 为销售数量；S 为销售收入。

在产品销售价格、固定费用和变动费用已知的条件下，我们就可通过建立盈亏平衡的数学模型，确定出盈亏平衡点。一般来说确定盈亏平衡的方法有产量法、销售额法、边际收益法三种。

1. 产量法。

第一步，确定决策变量。在盈亏分析基本模型中，需要研究的是利润如何作为产量的函数而变化，主要是确定产量 Q 值，所以，Q 就是模型中的决策变量。

第二步，确定目标函数。目标函数即线性方程，它含有代表解决问题的目标的决策变量，该方程能推算出选择不同决策变量值对目标的影响。

在盈亏分析模型中，设：

Q 为产量；S 为销售净收入（扣除税金后的销售收入）；P 为产品单价；C 为总成本；F 为固定费用；V 为变动费用；B 为利润；Cv 为单位产品变动费用；i 为税率，%。

其基本关系为：

销售收入方程：$S = P(1 - i) \times Q$

生产总成本方程：$C = F + Cv \times Q$

确定盈亏平衡点必须满足以下条件：$S = C$

此时的决策变量 Q 为 Q_0，则 $P(1 - i) \times Q_0 = F + Cv \times Q_0$

整理后得：$Q_0 = F/P\ (1 - i)\ - Cv$

见图 1－10 盈亏平衡图，从图中可知，当产量 Q 低于 Q_0 时，$S < C$ 为亏损。当产量 Q 高于 Q_0 时，$S > C$ 为盈利。两条直线交叉点 $S = C$ 时的 a，就是盈亏平衡点。

盈亏分析除了找出盈亏平衡点外，更重要的是求出最佳盈利区和最大赢利点。求利润最大的目标函数模型为：

$B = S - F - V = P(1 - i) \times Q - F - Cv \times Q_0$

根据这个方程，为了获取最大利润，就必须增大 Q，但增大到何种程度，就需要确定决策变量 Q 的约束条件。

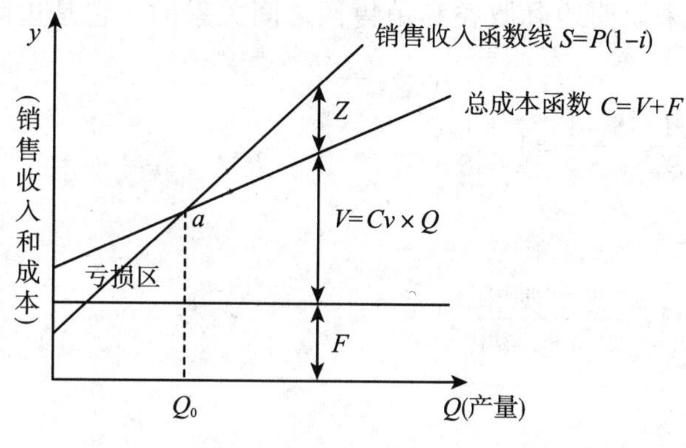

图 1-10 盈亏平衡图

第三步，确定约束条件。Q 值越大，利润越高。但首先受到生产能力 Q 的限制，故第一个约束条件就是：$Q \leqslant Q$。其次生产能力虽大，但还要受到市场需求量 D 的限制，故第二个约束条件就是：$Q \leqslant D$。

此外，上述方程和图形是在一定的前提条件下拟定的。即：

A. 固定费用是一定的；B. 变动费用与产量成正比；C. 产量与销售量是相同的；D. 产品单价不变。

2. 销售额法。在产销多种产品情况下，经常利用销售额代替产量来计算保本点。这种方法主要优点是使人们能够对企业在不同售价、销售多种产品时确定一个总的保本点销售额。超过这个销售额即赢利，小于这个销售额即亏本。

设变动费用变动率：$K = \dfrac{V}{S}$

则：$V = S \times K = S \times \dfrac{V}{S}$

故总成本费用 $C = V + F = S \times \dfrac{V}{S} + F$

设盈亏平衡点的销售额为 S_0，则在平衡时 $S_0 = C_0$

即 $S_0 = S_0 \times \dfrac{V}{S} + F$

移项，得：$S_0 - S_0 \times \dfrac{V}{S} = F$

整理后可得：$S_0 = F \Big/ \left(1 - \dfrac{V}{S}\right)$

即：盈亏平衡点销售收入 = 固定成本/(1 - 变动成本/销售收入) = 固定成本/贡献毛益率

式中：S_0 为保本点的销售额；F 为固定费用总额；V 为变动费用总额；S 为销售净收入。

3. 边际收益法。所谓边际收益，是指产品的销售收入减去变动费用余额。

因为销售额 = 固定费用 + 变动费用 + 利润，所以边际收益 $M = S - V = F + B$。

可见，边际收益首先是用来补偿固定费用的，若还有剩余，才可作为企业利润。当 $M = F$ 时，$B = 0$，则企业不盈不亏，达到保本经营。

边际收益率是用来说明边际收益和销售额之间关系的，它是边际收益占销售额的百分比。

$$边际收益率\ m = \frac{M}{S} = \frac{S - V}{S} = 1 - \frac{V}{S}$$

故：$S_0 = \dfrac{F}{1 - V/S}$

即保本点的销售额 $= \dfrac{固定费用}{边际收益率}$

或：$S_0 = \dfrac{F}{\frac{M}{S}} = \dfrac{F \times S}{M}$

4. 多种产品的盈亏平衡点分析。多种产品的盈亏平衡点分析常用加权平均法。根据盈亏平衡点分析公式，保本销售额 = 固定成本/贡献毛利率。但是企业生产销售的每一种产品都有各自的贡献毛利率水平，因此，若计算出整个企业的保本销售额，则需要首先计算整个企业的平均贡献毛利率水平。因为销售收入是每一个产品盈利能力的一个重要参考指标，所以，在计算整个企业的平均贡献毛利率时会用每个产品的销售收入作为加权因子。具体计算步骤如下：设企业生产销售 n 件产品，它们的贡献毛利率分别是 CMR_1，CMR_2，…，CAR_n。每种产品的预计销售收入（或上年销售收入）分别是 SR_1，SR_2，…，SR_n。

第一，计算全部产品的销售收入总额 SR。

$$SR = SR_1 + SR_2 + \cdots + SR_n$$

第二，计算各产品的销售收入占总销售收入的比重。即：

$$\frac{SR_1}{SR},\ \frac{SR_2}{SR},\ \cdots,\ \frac{SR_n}{SR}$$

第三，计算各种产品的平均加权贡献毛利率 CMR。

$$CMR = CMR_1 \times \frac{SR_1}{SR} + CMR_2 \times \frac{SR_2}{SR} + \cdots + CMR_n \times \frac{SR_n}{SR}$$

第四，计算整个企业在盈亏平衡点下的保本销售额 SRR。

第五，计算各产品的保本销售额及其保本销售量。

第 M 件产品的保本销售额 $= SRR \times \dfrac{SR_M}{SR}$

5. 盈亏平衡法的应用总结。实验过程中，在每一个会计年度初，都要根据模拟企业的经营状况，进行相应的财务战略的制定。制定这一战略的目的同样是为了使股东权益最大化，即盈利。作为营销总监如何确定合理的销售量、如何确定广告的投放量是关键问题。我们可以采用盈亏平衡法进行必要的资金预算。

从利润表中的利润构成中不难看出盈利的主要途径一是扩大销售（开源），二是控制成本（节流）。扩大销售，主要通过提高销售收入的方式来实现，而销售收入由产品单价和销售数量两个因素决定。要提高产品单价，企业可以选取单价较高的产品进行生产，选择订单时，将产品单价作为一个重要因素。而提高销售数量有以下方式：①开拓新市场或者在现有市场上称为行业领导者；②研发新产品；③生产线的改造扩充，提高生产能力；④合理加大广告投放力度，进行品牌宣传。

降低产品成本，包括直接成本和间接成本，主要有以下几种途径：①直接的成本控制。由于直接成本主要包括构成产品的原料费和加工费，而在沙盘模拟中，原料费由产品的BOM结构决定，是没有降低的余地的；但加工费是可以考虑的，除产品Beryl以外，不同种类的生产线用来生产同一产品的加工费是不同的，而且从手工线、半自动线、全自动线到柔性线的加工费是逐渐下降的，因此控制产品成本主要做到选取合适的生产线进行加工。②间接成本的控制。降低间接成本是我们进行成本控制的重点工作。间接成本中投资性支出包括购买厂房、投资购买新的生产线等，这些投资是为了扩大企业的生产能力而必须发生的；费用性支出包括营销广告投入、支付贷款利息、租金、设备维护费用、贴现费用等，通过有效筹划可以节约一部分费用性支出。

由以上内容可看出，营销总监若想科学合理地做好广告费投入和投向的分析，必须事先搞好市场开拓，以期拿好单，多获利。在考虑广告投入时，绝不是越多越好，因为广告费要冲减毛利，降低企业的权益值，因此多则无益。因此要恰到好处，能使投入产出比达到最高为最好。广告投入首先要结合企业当期的产能，以免空投广告无法完成，不能接订单，徒劳无功，增加损失。再者，广告投入要和市场开拓结合起来，积极发挥企业信息人员作用，主动了解竞争对手市场分布的相关信息，巧妙地回避不必要的竞争，灵活应变，寻找市场空隙，使收益最大化。

由财务人员处得到企业全年的各项费用，根据产品种类以及每种产品占用的生产线类型对总费用按照产品进行分摊，包括广告费、维修费、生产线折旧费等等，然后再按照求多种产品的盈亏平衡点的方法求得每种产品的保本销售额和保本销售量，以此作为进行各项预算的依据。

五、企业经营成果分析

在实验过程中同学们遇到的最多的问题就是财务问题，有的企业经营只三年就不得已宣布破产了，现实生活中的企业经营也的确如此，企业经常会因种种财务问题而陷入经营的困境，如何从困境中走出来，使企业有很好的未来，无疑成了企业成员的一门必修课。因此我们要进行财务状况分析以及经营发展状况分析。

财务分析是企业财务工作的一项重要内容，是加强企业经营管理的一种有效的方法。财务分析主要是利用财务报表及有关的会计资料，从反映企业经营活动情况和成果的财务指标出发，对企业经营活动进行的分析研究。搞好财务分析的意义主要在于以下几个方面：

首先，财务分析是判断企业财务实力的大小，经营是否健全的依据。如企业资金构成比例是否合理，占用及来源是否平衡，销售和利润计划的执行情况如何，整个企业的经营活动是否能按计划、有秩序的进行，都可通过财务分析予以判断。

其次，财务分析是制定各种决策的依据。财务分析不但是对过去已完成的经济活动的总结、回顾和评价，更是对未来经济活动的展望和指导。对企业已取得的成就的评价，对存在问题及其原因的分析是否正确，直接影响到预测的正确性，从而影响到决策的正确性以及所采取的措施是否合理。为了使决策合理，措施有效，就须借助于财务分析提供的数据资料。

再其次，财务分析是评价企业的经营效益、实行有效的管理、挖掘内部潜力、提高经济效益的保证。比如在与国内外企业的对比分析中，不仅可以找出本企业的差距，以改进企业经营管理，更重要的是通过分析，研究企业取得的某项成果的原因，了解企业还有哪些潜力，以进一步加以利用，促进经济效益的提高。

最后，财务分析有利于检查企业财务计划的执行情况，监督企业遵守国家政策、法令和规章制度，加强各部门的经济责任制。

（一）基本财务状况分析

模拟企业在实施其制定的战略后，采用适用于战略评价的一些关键财务比率对其经营成果进行分析，对企业的绩效进行评价。财务分析的目的不同，分析的侧重点也不同。一般而言，主要分析以下几类指标：偿债能力指标、盈利能力指标和营运能力指标。

1. 偿债能力分析。企业偿债能力分析包括短期偿债能力分析和长期偿债能力分析。短期偿债能力分析主要分析企业债务能否及时偿还。长期偿债能力分析主要分析企业资产对债务本金的支持程度和对债务利息的偿付能力。

在模拟企业经营时，有些参加者不进行银行贷款，提倡自力更生，以避免利息费用的发生，这样做往往最后效果不佳。经济理论已经证明，当企业的净值报酬率高于银行贷款利率时，企业贷款可增加企业积累，使股东获得更多的收益。企业可通过杠杆效应，利用贷款来达到增加企业利润的目的。在模拟企业经营中也要适当借款，以应付庞大的开支和加快企业的建设速度。

企业的发展速度决定了企业的规模，通过借贷融资可以使企业的权益迅速增值，不断壮大发展，极可能成为行业的老大。但是如何利用杠杆效应是我们要解决的问题。下面分别采用基本财务指标来衡量企业的长期和短期偿债能力。

① 资产负债率。

资产负债率 =（负债总额 ÷ 资产总额）×100%

资产负债率是企业的总负债和总资产的比率，是一项衡量公司利用债权人资金进行经营活动能力的指标，反映债权人提供的资本占全部资本的比例；对债权人来说，负债比率反映向企业提供信贷资金的风险程度，也反映了企业举债经营的能力。

一般认为我国理想化的资产负债率是 40% 左右，上市公司略微偏高些，但上市公司资产负债率一般也不超过 50%。其实，不同的人应该有不同的标准，企业的经营者对资产负债率强调的是负债要适度，因为负债率太高，风险就很大；负债率低，又显得太保守。债权人强调资产负债率要低，总希望把钱借给那些负债率比较低的企业，因为如果某一个企业负债率比较低，钱收回的可能性就会大一些。投资人通常不会轻易的表态，通过计算，如果投资收益率大于借款利息率，那么投资人就不怕负债率高，因为负债率越高赚钱就越多，如果投资收益率比借款利息率还低，等于说投资人赚的钱被更多的利息吃掉，在这种情况下就不应要求企业的经营者保持比较高的资产负债率，而应保持一个比较低的资产负债率。

② 流动比率（Current Ratio，CR）。

流动比率＝流动资产÷流动负债

流动比率是指流动资产和流动负债的比率，它是衡量企业的流动资产在其短期债务到期前可以变现用于偿还流动负债的能力，表明企业每一元流动负债有多少流动资产作为支付的保障。流动比率是评价企业偿债能力较为常用的指标。它可以衡量企业短期偿债能力的大小，它要求企业的流动资产在清偿完流动负债以后，还有余力来应付日常经营活动中的其他资金需要。根据一般经验判定，流动比率应在200%以上，这样才能保证公司既有较强的偿债能力，又能保证公司生产经营顺利进行。在运用流动比率评价上市公司财务状况时，应注意到各行业的经营性质不同，营业周期不同，对资产流动性要求也不一样，因此200%的流动比率标准，并不是绝对的。

③ 速动比率（Quick Ratio，QR）。流动比率高的企业并不一定证明偿还短期债务的能力就很强，因为流动资产之中虽然现金、有价证券、应收账款变现能力很强，但是存货、待摊费用等也属于流动资产的项目，其变现时间较长，特别是存货很可能发生积压、滞销、残次等情况，流动性较差。

而速动比率则能避免这种情况的发生，因为速动资产就是指流动资产中容易变现的那部分资产。速动资产包括货币资金、短期投资、应收票据、应收账款、其他应收款项等。而流动资产中存货、预付账款、待摊费用等则不应计入。速动比率是企业速动资产与流动负债的比率。即：

速动比率＝(流动资产－存货)÷流动负债

正常的速动比为1，低于1的速动比被认为是短期偿债能力偏低。

衡量企业偿还短期债务能力强弱，应该把流动比率和速动比率结合起来看，一般来说速动比率与流动比率得比值为1:1左右最为合适。

CR＞2 and QR＞1 资金流动性好；

1.5＜CR＜2 and 1＞QR＞0.75 资金流动性一般；

CR＜1 and QR＜0.5 资金流动性差。

④ 现金比率。现金比率是衡量企业流动资产中可以立即变现用于偿还流动负债的指标，反映企业直接偿还流动负债的能力。即：

现金比率＝(流动资产－存货－应收账款)÷流动负债

现金比率是公司现金以及与现金等价的资产总量与当前流动负债的比率，用于衡量公司资产的流动性。也就是说，现金比率只度量所有资产中相对于当前负债最具流动性的项目，因此它也是三个流动性比率中最保守的一个，反映出公司在不依靠存货销售及应收款的情况下，支付当前债务的能力。

现金比率是速动资产扣除应收账款后的余额。速动资产扣除应收账款后计算出来的金额，最能反映企业直接偿付流动负债的能力。现金比率一般认为20%以上为好。但这一比率过高，就意味着企业流动负债未能得到合理运用，如果现金类资产获利能力低且金额太高会导致企业机会成本增加。

2. 营运能力分析。营运能力是指企业基于外部市场环境的约束，通过内部人力资源和生产资料的配置组合而对财务目标所产生作用的大小。营运能力分析既要从资产周转期的角度，评价企业经营活动量的大小和资产利用效率的高低，又要从资产结构的角度，分析企业资产构成的合理性。一个企业的财务状况和盈利能力在很大程度上取决于企业的营运能力，因为利润和现金流量是通过资产的有效使用来实现的。若营运能力低表明资金积压严重，资产未能发挥应有的效能，从而会降低企业的偿债能力和盈利能力。

企业的经营活动离不开各项资产的运用，对企业的营运能力分析实质上就是对各项资产的周转使用状况进行分析。一般来说，资金周转速度快，说明企业的经营管理水平高，资金利用效率高。企业的资金周转状况与供、产、销各个经营环节密切相关，任何一个环节出现问题，都会影响到企业的资金正常周转。资金只有顺利地通过各个经营环节，才能完成一次循环。在供、产、销各环节中，销售有着特殊的意义。因为产品只有销售出去，才能实现其价值，收回最初投入的资金，顺利地完成一次资金周转。这样，就可以通过产品销售情况与企业资金占用量来分析企业的资金周转状况，评价企业的营运能力。企业营运能力的衡量指标主要有存货周转率、应收账款周转率、流动资产周转率、固定资产周转率、总资产周转率等。营运能力比率又称资产管理比率。

① 存货周转率。存货周转率是反映企业流动资产流动性的一个指标，也是衡量企业生产经营各环节中存货运营效率的一个综合性指标。它是主营业务成本被平均存货所除而得到的比率，或叫存货的周转次数。用时间表示的存货周转率就是存货周转天数。计算公式为：

存货周转率 = 主营业务成本 ÷ 平均存货

存货周转天数 =360 ÷ 存货周转率

公式中的主营业务成本数据来自利润表，平均存货来自资产负债表中的“期初存货”与“期末存货”的平均数。

一般来讲，存货周转速度越快，存货的占用水平越低，流动性越强，存货转换为现金、应收账款等的速度越快，因此提高存货周转率可以提高企业的变现能力。通过存货周转分析，有利于找出存货管理存在的问题，尽可能降低资金占用水平。存货不能储存过多，否则可能造成存货积压；存货也不能储存过少，否则可能造成生产中断或销售货源不足，这些都会给企业带来损失，影响其盈利能力。

② 应收账款周转率。应收账款和存货一样，在流动资产中有着举足轻重的地位。及时收回应收账款，不仅可以增强企业的短期偿债能力，也反映出企业管理应收账款方面的效率。

应收账款周转率是反映应收账款周转速度的指标，也就是年度内应收账款转为现金的平均次数，它说明应收账款流动的速度。用时间表示的应收账款周转速度是应收账款周转天数，也叫平均应收账款回收期或平均收现期，它表示企业从取得应收账款的权利到收回款项、转换为现金所需要的时间。其计算公式为：

应收账款周转率 = 主营业务收入 ÷ 平均应收账款

应收账款周转天数 =360 ÷ 应收账款周转率

应收账款周转率反映了企业应收账款周转速度的快慢及应收账款管理效率的高低，在一定时期内周转次数多、周转天数少则表明：（1）企业应收账款的收回快、流动性强，从而增强了企业短期偿债能力；（2）赊销管理严格，可以减少收账费用和坏账损失，从而相对增加企业流动资产的投资收益。同时，通过应收账款周转天数与企业信用期限的比较，还可以评价客户的信用程度，以及企业原定的信用条件是否适当。

值得注意的是，应收账款周转率过高也不一定好，这可能是企业奉行了比较严格的信用政策、信用标准和付款条件过于苛刻的结果。这样会限制企业销售量的扩大，从而会影响企业的盈利水平。这种情况往往表现为存货周转率同时偏低。如果企业的应收账款周转率过低，则说明企业催收账款的效率太低，或者信用政策十分宽松，这样会影响企业资金利用率和资金的正常周转。

③ 资产周转率。资产周转率是主营业务收入与平均资产总额的比值，也称资产利用率。其计算公式为：

总资产周转率 = 主营业务收入 ÷ 平均资产总额

其中：平均资产总额 =（年初资产总额 + 年末资产总额）÷2

该指标用来衡量企业全部资产的使用效率，如果该比率较高，说明企业全部资产的使用效率高，销售能力强；如果该比率较低，则说明企业全部资产的使用效率低，可采取各项措施来提高企业的资产利用程度，加速资产周转，比如提高销售收入或处理多余的资产等。该指标在经营初期反映资产周转速度很慢，主要原因在于初期大量的投入以及销售量很低，而在经营几年后，如果这一指标没有改善，则企业经营情况必将恶化。

总之，资产的周转指标用于衡量企业运用资产赚取收入的能力，经常和反映盈利能力的指标结合在一起使用，这样可全面评价企业的盈利能力。

3. 盈利能力分析。盈利能力是指企业正常经营赚取利润的能力。盈利是企业的重要经营目标，是企业生存发展的基础，它不仅关系到企业所有者的利益，也是企业偿还债务的一个重要来源。因此，企业的投资者、债权人以及经营管理者都十分关心企业的盈利能力。企业的各项经营活动都会影响到企业的盈利，但是，对企业盈利能力分析，一般只分析企业正常的经营活动的盈利能力，不涉及非正常的经营活动。因为一些非正常的、特殊的经营活动，虽然也会给企业带来收益，但它不是经常的和持久的，不能说明企业的正常的盈利能力。因此在分析企业的盈利能力时，应当排除这些非常项目。反映企业盈利能力的指标很多，通常使用的主要有销售净利率、资产净利率、净资产收益率等。

① 销售净利率。销售净利率是指企业的净利润与主营业务收入的百分比，也称主营业务净利率。其计算公式为：

销售净利率 =（净利润 ÷ 主营业务收入）×100%

其中：“净利润” 是指税后利润。

该指标表示每一元销售收入带来的净利润。该比率越高，企业通过扩大销售获取收益的能力越强。企业在努力扩大销售、增加销售收入额的同时，必须改进经营管理以降低成本，才能相应增加净利润，使销售净利率保持不变或有所提高。要作进一步分析，还可将该指标分解成销售毛利率、销售成本率以及销售期间费用率等。

该指标受行业特点影响较大，因此在分析时应结合不同行业的具体情况进行分析。

② 资产净利率。资产净利率是企业净利润与平均资产总额的百分比，也称总资产报酬率、总资产收益率或投资报酬率。其计算公式为：

资产净利率 =（净利润 ÷ 平均资产总额）×100%

其中：平均资产总额 =（期初资产总额 + 期末资产总额）÷2

资产净利率反映企业资产利用的综合效果。该指标越高，表明资产的利用效率越高，说明企业在增收节支和节约资金使用等方面取得了良好的效果，企业的盈利能力越强。

影响资产净利率高低的因素主要有：产品的价格、单位成本的高低、产品的产量和销售的数量、资金占用量的大小等。

值得注意的是，资产净利率可以分解为总资产周转率与销售净利率的乘积。由此可见，资产报酬率主要取决于总资产周转率与销售净利率两个因素。企业的销售净利率越大，资产周转速度越快，则资产报酬率越高。因此，提高资产报酬率可以从两个方面入手：一方面加强资产管理，提高资产利用率；另一方面加强销售管理，增加销售收入，节约成本费用，提高利润水平。

③ 净资产收益率。净资产收益率是净利润与平均净资产的百分比，也称净值报酬率、权益净利率、股东权益报酬率或所有者权益报酬率。它是反映企业自有资金投资收益水平的指标，是企业盈利能力指标的核心。其计算公式为：

净资产收益率 =（净利润 ÷ 平均净资产）×100%

其中：净资产即所有者权益或股东权益。

平均净资产 =（所有者权益年初数 + 所有者权益年末数）÷2

由于上述公式的分母中用的是净资产的平均数，因此计算出来的比率也称为加权平均净资产收益率。

因此，可以说净资产收益率是评价企业自有资本及其累计获取报酬水平的最具综合性与代表性的指标，它反映企业资本运营的综合效益。该指标通用性强，适应范围广，不受行业局限，在国际上的企业综合评价中使用率非常高。通过对该指标的综合对比分析，可以看出企业盈利能力在同行业中所处的地位，以及与同类企业的差异水平。一般认为，净资产收益率越高，企业自有资本赚取收益的能力越强，运营效率越好，对企业投资人、债权人权益的保证程度也越高。

（二）综合财务分析

运用基本财务指标对企业经营成果进行分析是基础，但是要比较全面地分析企业的综合财务状况，反映企业经营过程中的问题，还要深入了解企业财务状况内部的各项因素及其相互之间的关系，我们主要介绍一种综合财务分析方法，即杜邦分析法。

实际上，企业的财务状况是一个完整的系统。内部各种因素都是相互依存、相互作用的，任何一个因素的变动都会引起企业整体财务状况的改变，即不同的财务比率之间都存在着一定的内在联系，揭示和发现这些联系，可以使分析者更加深刻地理解各个比率形成的原因，更加深入、全面地了解企业的财务状况。因此，财务分析者在进行财务状况综合分析时，必须深入了解企业财务状况内部的各项因素及其相互之间的关系，这样才能比较全面地揭示企业财务状况的全貌，而财务比率分析法无法揭示企业各种财务比率之间的相互关系。综合财务分析因其最初由美国杜邦公司创立并成功运用而得名，故称杜邦财务分析体系、杜邦体系（Dupont System）或杜邦分析法。它的基本原理就是在对基础财务指标分析的基础上，进行综合财务分析，通过层层分解财务指标，利用各项财务指标间的内在联系，直观地反映了影响资产收益率的因素及其内在的联系，把企业偿债能力分析、营运能力分析和盈利能力分析等单方面的财务评价结合起来研究，是一种行之有效的综合财务分析法。若能结合两期以上的资料进行分析，则不仅可以发现指标的变动原因和变动趋势，而且为进一步采取措施指明了方向。

杜邦分析法一般借助杜邦分析图来进行（如图 1－11 所示）。

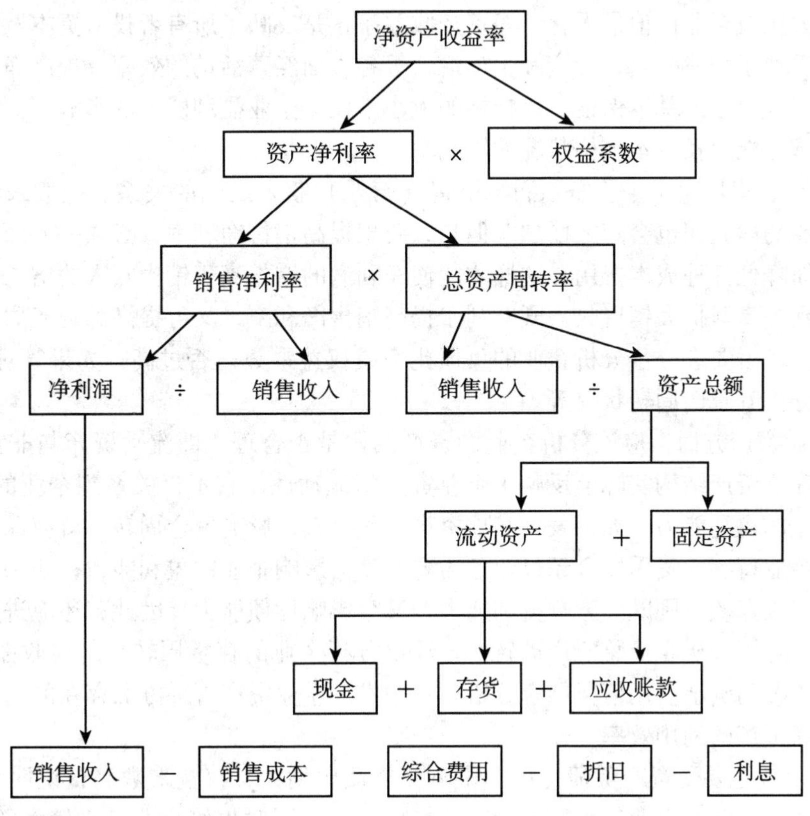

图 1－11　杜邦分析图

从图 1－11 可知，该系统反映了以下几种主要的关系：

净资产收益率＝净利润/平均净资产

＝(净利润÷平均资产总额)×(平均资产总额÷平均净资产)

＝资产净利率×权益乘数

＝销售净利率×总资产周转率×权益乘数

其中：资产净利率＝销售净利率×总资产周转率

销售净利率＝净利润÷销售收入

总资产周转率＝销售收入÷平均资产总额

权益乘数＝平均资产总额÷平均净资产＝1/(1－平均资产负债率)

从公式看，影响净资产收益率高低的因素有三个：销售净利率、资产周转率和权益乘数。这样进行指标分解便于分析者将引起净资产收益率发生升、降变化的原因具体化，以进一步明确管理目标。

杜邦分析法的主要作用在于解释各主要指标的变动原因及揭示各项比率之间的关系，为采取措施指明方向。利用杜邦分析图进行综合分析需要把握以下几点：

1. 从杜邦系统图可以看出，净资产收益率（亦称权益净利率）是所有财务比率中综合性最强、最具有代表性的一个指标，是杜邦系统的核心指标。企业财务管理的目标是实现股东财富的最大化或企业价值最大化，净资产收益率正是反映了所有者投入资本及相关权益的盈利能力，反映了企业筹资、投资和生产运营等各方面经营活动的效率。提高净资产收益率是实现财务管理目标的基本保证。该指标的大小不仅受企业盈利能力的影响，而且还受到企业资产周转营运能力及资本结构状况的影响。

2. 销售净利率反映了企业净利润与销售（营业）收入之间的关系。一般来说，销售收入增加，企业的净利润也会随之增加。但是，要想提高销售净利率，必须一方面提高销售收入，另一方面降低各种成本费用，这样才能使净利润的增长高于销售收入的增长，从而使销售净利率得到提高。扩大销售收入既有利于提高销售净利率，又可提高总资产周转率。如果财务费用过高，就要进一步分析企业的负债比率或权益乘数是否过高；如果管理费用过高，就要进一步分析其资产周转状况等。

3. 在企业资产方面，应该分析企业的资产结构是否合理，即流动资产与非流动资产的比例是否合理。资产结构实际上反映了企业资产的流动性，它不仅关系到企业的偿债能力，也会影响企业的盈利能力。如果发现某项资产比重过大，影响资金周转，就应深入分析其原因，例如，企业持有的货币资金超过业务需要，就会影响企业的盈利能力；如果企业占有过多的存货和应收账款，则既会影响盈利能力，又会影响偿债能力。因此，还应进一步分析资产周转情况，除了分析企业总资产周转率，还要分析企业的存货周转率与应收账款周转率，并将其周转情况与资金占用情况结合分析。从中发现企业资产管理方面存在的问题，以便加强管理，提高资产的利用效率。

4. 权益乘数主要受资产负债比率的影响。负债比例大，权益乘数高，说明企业有较高程度的负债经营，能给企业带来较大的财务杠杆利益，同时也给企业带来较大的偿债风险。因此，企业既要合理使用全部资产，又要妥善安排资本结构。

总的来说，企业的盈利能力涉及企业的经营活动的方方面面。净资产收益率与企业的筹资结构、销售、成本控制、资产管理密切相关，这些因素构成一个系统。只有协调好系统内各个因素之间的关系，才能使净资产收益率达到最大，从而实现股东财富最大化或企业价值最大化的理财目标。

应当指出，杜邦分析法是一种分解财务比率的方法，而不是另外建立新的财务指标，它可以用于各种财务比率的分解。图 1－11 是通过资产净利率的分解来说明问题的，我们也可以通过分解利润总额和全部资产的比率来分析问题。

下面是实验过程中某公司第七年编制的管理费用明细表（见表 1－8）、损益表（见表 1－9）和资产负债表（见表 1－10），我们进行杜邦分析过程如下：

表1-8　综合管理费用明细表　单位：百万元

项　目	金　额
广告费	6
转产费	0
产品研发	0
行政管理	4
维修费	4
租金	0
市场开拓	1
ISO 认证	0
其他	4
合计	18

表1-9　损益表　单位：百万元

项　目	去　年	今　年
一、销售收入	93	73
减：成本	40	28
二、毛利	53	45
减：综合费用	19	18
折旧	0	0
财务净损益	20	24
三、营业利润	14	3
加：营业外净收益	1	4
四、利润总额	15	7
减：所得税	0	0
五、净利润	15	7

表 1-10　　　　资产负债表　　　　单位：百万元

资　　产	年初数	期末数	负债及所有者权益	年初数	期末数
流动资产：			负债：		
现金	8	7	短期负债	0	0
应收账款	63	0	应付账款	29	0
原材料	14	1	应交税金	0	0
产成品	0	0	长期负债	88	0
在制品	8	0			
流动资产合计	93	8	负债合计	117	0
固定资产：			所有者权益：		
土地建筑原价	40	15	股东资本	50	50
机器设备净值	0	0	以前年度利润	-49	-34
在建工程	0	0	当年净利润	15	7
固定资产合计	40	15	所有者权益合计	16	23
资产总计	133	23	负债及权益总计	133	23

销售净利率 = 净利润 ÷ 销售收入

$= 7 \div 73 = 0.0959$

总资产周转率 = 销售收入 ÷ 平均资产总额

$= 73 \div 77.5 = 0.942$

资产净利率 = 销售净利率 × 总资产周转率

$= 0.0959 \times 0.942 = 0.09$

权益乘数 = 1 ÷（1 - 平均资产负债率）

$$= 1 \div \left(1 - \frac{117 \div 2}{(133 + 23) \div 2}\right) = 4$$

净资产收益率 = 销售净利率 × 总资产周转率 × 权益乘数

$= 0.3043$

由图 1-12 可以看出权益系数数值大，说明企业负债比例大，企业在运用财务杠杆的同时也承担了很大的风险，不利于企业稳定长远发展；资产周转率数值小，说明企业运用资产以产生销售收入能力差，可以从影响销售收入和资产周转率两方面的各因素加以具体分析。除了对资产构成各部分占有比例是否合理方面进行分析外，还可以通过流动资产周转率、存货周转率、应收账款周转率等方面进行分析，找出资产周转率偏低的问题所在。

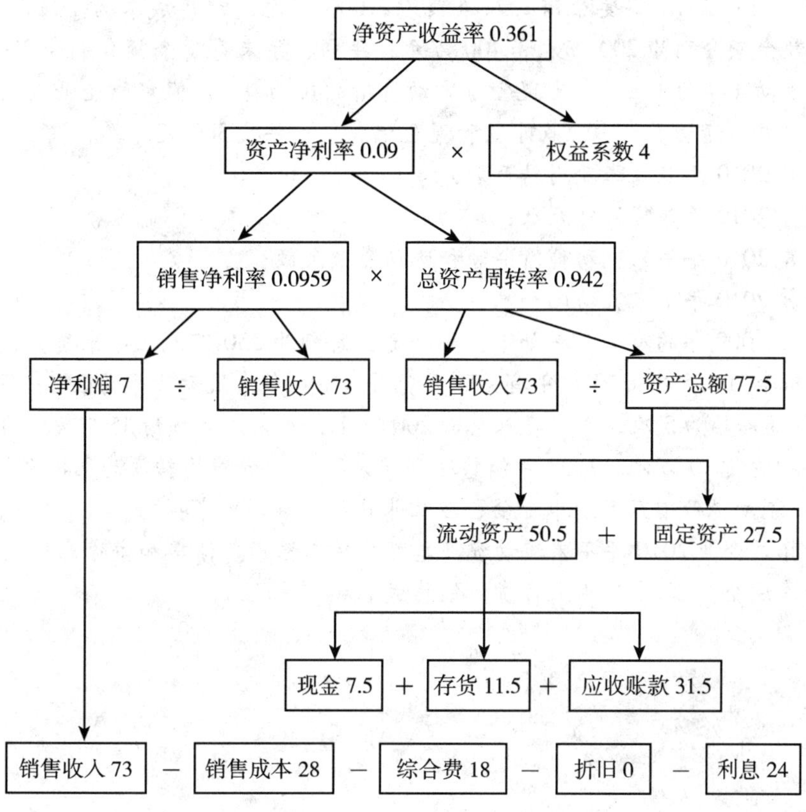

图 1－12　杜邦分析实例

六、本章小结

本章重点介绍在实验中经常用到的分析企业基本财务状况的相关财务指标、综合财务分析的方法之一——杜邦分析法和盈亏平衡法，使同学理解每个财务比率的真实含义，能够灵活运用杜邦分析法和盈亏平衡法，起到帮助企业进行财务管理的作用。

思考题

1. 企业偿债能力分析包括哪些指标？每个指标的含义是什么？大概在什么范围是合理的？
2. 企业营运能力分析包括哪些指标？每个指标的含义是什么？大概在什么范围是合理的？
3. 企业盈利能力分析包括哪些指标？每个指标的含义是什么？大概在什么范围是合理的？
4. 杜邦分析的基本原理是什么？试根据实验的数据进行具体分析。
5. 试述盈亏平衡法的基本原理。

6. 某商业企业2010年度赊销收入净额为2 000万元，销售成本为1 500万元；年初、年末应收账款余额分别为200万元和400万元；年初、年末存货余额分别为200万元和600万元；年末速动比率为1.2，年末现金与流动负债的比为0.7，假定该企业流动资产由速动资产和存货组成，速动资产由应收账款和现金组成，一年按360天计算。

（1）计算2010年应收账款周转天数；

（2）计算2010年存货周转天数；

（3）计算2010年年末流动负债余额和速动资产余额；

（4）计算2010年年末流动比率。

7. 某企业2009年的有关资料如下：年初资产总额为250万元，年末资产总额为200万元，资产周转率为0.5次。2010年有关账务资料如下：年末流动比率为2.0，年末速动比率为1.2，存货周转率为5次，年末资产总额200万元，年末流动负债35万元，年末长期负债35万元，年初存货30万元。2008年销售净利率为21%，资产周转率为0.8次，存货周转率5次，该企业流动资产中只有货币资金、应收账款和存货。要求：

（1）计算该企业2010年年末流动资产总额、年末资产负债率和净资产收益率；

（2）计算该企业2010年年末存货、销售成本和销售收入。

第二部分

单项实验

认识自我组建团队实验

一、实验目的

结合学习过的企业管理的相关理论，合理构建团队，为后续综合实验奠定基础。

二、实验内容

根据自身兴趣，选择角色，组建团队，明确职责。

三、实验步骤

1. 学生自行分组。在每一个模拟沙盘上，学生自行分组，分组时以自愿为原则，注意结合个人专业特长；每组人数以6～9人为宜。

2. 设计模拟企业的企业名称、设计并制作企业标识以及相应的口号。

3. 每组的学生通过推选，确定自己小组的CEO，再依次确定其他角色，各角色的主要工作内容如下：

总经理（CEO）：负责整体战略的制定，协调小组成员之间的不同意见；

技术研究开发经理（CTO）：负责ISO认证和产品研发方面的工作，主要包括确定投入时机，同时协助COO制订生产计划；

生产经理（COO）：负责公司产品制定工作，包括制定原料的采购和产品的制造计划，主要职责是按照销售计划和预测按时制造出成品，同时控制库存和在制品的数量；

营销经理（CMO）：负责市场和销售工作，主要工作包括“抢单”和向其他竞争对手销售我们的产品，主要工作成果是销售出尽量多的产品；

财务经理（CFO）：负责资金的运作，特别需要关注公司现金流，每次现金的变动都需要登记入账，同时承担财务报表的制作工作，主要职责是不能出现现金流枯竭，同时控制成本；

采购经理：采购是企业生产的首要环节。采购总监负责编制并实施采购供应计划，分析各种物资供应渠道及市场供求变化情况，力求从价格上、质量上把好第一关，确保在合适的时间点、采购合适的品种及数量的物资，为企业生产做好后勤保障。

信息经理（CIO）负责对竞争对手的情报分析，为企业决策提供依据。

各角色在经营中的工作重点如表2－1所示。

表2－1　企业各部门经营管理要点

角　色	主要职责
总经理	评估内部资源与外部环境，制定长、中短期策略
	预测市场趋势、调整既定战略
R&D经理	产品研发决策
	必要时做出修改研发计划，甚至中断项目决定
生产经理	选择获取生产能力的方式（购买或租赁）
	设备更新与生产线改良
	全盘生产流程调度决策；匹配市场需求、交货期和数量及设备产能
	库存管理及产销配合
	必要时选择清偿生产能力的方式

续表

角　色	主要职责
营销经理	市场开发决策
	新产品开发、产品组合与市场定位决策
	模拟在市场中短兵相接的竞标过程
	建立并维护市场地位、必要时做退出市场决策
财务经理	制订投资计划，评估应收账款金额与回收期
	预估长、短期资金需求，寻求资金来源
	掌握资金来源与用途，妥善控制成本
	洞悉资金短缺前兆，以最佳方式筹措资金
	分析财务报表、掌握报表重点与数据含义
	运用财务指标进行内部诊断，协助管理者决策
	如何以有限资金转亏为盈、创造高利润
	编制财务报表、结算投资报酬、评估决策效益
采购经理	编制并实施采购供应计划
信息经理	刺探同行情报，为决策提供依据

4. 如果学生人数较多，在指定了首席执行官、营销总监、生产总监、采购总监、财务总监之后，可以考虑分配财务助理、生产助理等角色。此外，学生还可以选择任职不同的职位，以体验换位思考，熟悉不同职位的工作及流程。

5. 在设定角色后，按照盘面对应主管区域位置坐好。

四、实验小结

此项实验可以帮助同学尽快进入角色，承担各自职能，同时对团队合作、企业内部各职能的分工与协作加深理解，对组织文化的构建也能起到很大作用。

思考题

各部门经营过程中会用到哪些定量与定性分析方法？对这些方法进行整理、归纳。

实验二

ERP 沙盘盘面认知实验

一、实验目的

1. 了解 ERP 沙盘设计的基本原理，熟悉盘面的设计格局，熟悉实验用的各种辅助教具；
2. 遵守盘面布置的原则，为后续综合试验奠定基础。

二、实验内容

各组成员必须明确企业经营决策执行情况和运行结果都将通过盘面体现出来，沙盘教具主要包括六张沙盘盘面，分别代表六个相互竞争的模拟企业，具体沙盘盘面设计见附录 ERP 沙盘系统盘面设计。ERP 沙盘盘面按企业各部门的职能划分为营销与研发中心、物流中心、生产中心和财务中心四个部分，各部门经理人员按照实验提及的模拟企业初始状态来布置盘面。

三、实验步骤

1. 按照沙盘相应的主管区域位置坐好。
2. 识别其他各种辅助教具。
3. 按照实验提及的模拟企业初始状态来布置盘面。

模拟企业总资产为 1.05 亿元（105M），其中流动资产 52M，固定资产 53M；负债 41M，所有者权益 64M。其中：流动资产包括现金 20M，3 个账期（3Q）的应收账款 15M，在制品价值 8M，成品价值 6M，原料价值 3M；固定资产包括一个价值 40M 的大厂房和价值 13M 的生产设备，包括三条手工生产线和一条半自动生产线；负债包括长期贷款 40M（4 年期长贷

20M、5 年期长贷 20M），应付税金 1M，目前没有短期负债。所有者权益包括股东资本为 50M，利润留存 11M，年度净利润 3M。

在初始盘面布置时，我们按照以下方法进行。

① 流动资产中现金 20M，由财务总监拿来一满桶灰色筹码（共计 20M）放置于现金区域。

② 3 个账期（3Q）的应收账款 15M，由财务总监拿一个空桶，装 15 个灰色筹码，置于应收账款 3 个账期位置（为获得尽可能多的客户，企业一般采用赊销策略，即允许各户在一定期限内缴清货款而不是货到即付款）。

③ 在制品价值 8M。在制品是指处于加工过程中，尚未完工入库的产品。大厂房中有三条手工生产线、一条半自动生产线，每条生产线上各有一个 Beryl 产品。手工生产线有三个生产周期，靠近原料库的为第一周期，三条手工生产线上的三个 Beryl 在制品分别位于第一、二、三周期。半自动生产线有两个生产周期，Beryl 在制品位于第一周期。每个 Beryl 产品成本由两部分构成：蓝色筹码原料费 1M 和灰色筹码人工费 1M，由生产总监、采购总监与财务总监配合制作四个 Beryl 在制品并摆放到生产线上的相应位置。

④ 成品价值 6M。Beryl 成品库中有 3 个成品，每个成品同样由一个蓝色筹码 M1 原料费 1M 和灰色筹码（人工费）1M 构成。由生产总监、采购总监与财务总监配合制作三个 Beryl 成品并摆放到 Beryl 的成品库中。

⑤ 原料价值 3M。M1 原料库中有三个原料，每个价值 1M。由采购总监取三个蓝色 M1 放置到 M1 原料库。除以上需要明确表示的价值之外，还有已向供应商发出的采购订货，预定 M1 原料订单两个，由采购总监将两个黄色 M1 原料订单放置在原料订单处。

⑥固定资产的一个价值 40M 的大厂房。由财务总监将等值资金（两桶灰色筹码）放置于大厂房价值处。

⑦ 价值 13M 的生产设备。包括三条手工生产线和一条半自动生产线，扣除折旧，目前手工生产线账面价值为 3M，半自动生产线账面价值为 4M。由财务总监取四个空桶，分别置入 3M、3M、3M、4M，并放置于生产线下方的“设备价值”处。

⑧ 长期贷款 40M（4 年期长贷 20M、5 年期长贷 20M），由财务总监将两个内置 20M 红色贷款筹码的小桶分别置于第四年和第五年位置。对长期借款来说，沙盘上的纵列代表年度，离现金库最近的为第 1 年，依此类推。对短期借款来说，沙盘上的纵列代表季度，离现金库最近的为第 1 季度。如果以高利贷方式融资，于短期借款处放置。

⑨ 应付税金 1M，税金是下一年度初交纳，此时没有对应操作。

⑩ 所有者权益中股东资本为 50M，利润留存 11M，年度净利润 3M。在财务报表中体现，盘面没有直观显示。

布置完成后结果见图 2－1。

4. 各小组相互检查盘面布置情况。

图2-1　初始盘面布置

四、实验小结

此项试验既考察充当各角色的人员对各自职责的理解，同时也锻炼了分工过程中彼此的协作。

思考题

1. 简述ERP沙盘设计的主要思想。
2. 简述ERP沙盘盘面的主要构成。

合法经营规则认知实验

一、实验目的

熟悉 ERP 沙盘模拟企业经营运作的相关规则，为后续进行企业的经营管理做准备。

二、实验内容

熟悉财务管理规则、营销管理规则、采购管理规则、生产管理规则、研发管理规则、模拟经营过程规则以及模拟经营结果计算规则。

三、实验步骤

只有熟悉和了解相关规则，做到合法经营，企业才能在竞争中提高自身的实力。综合考虑市场竞争及企业运营所涉及的内容，简化为以下七个方面的规则，具体规则内容见附录。

1. 熟悉营销管理规则。

（1）市场开拓与市场准入规则。

（2）订单争取规则。

2. 熟悉采购管理规则。

（1）原材料采购、出售规则。

（2）订单及交货规则。

3. 熟悉生产管理规则。

4. 熟悉研发管理规则。

（1）产品研发规则。

（2）ISO 认证规则。

5. 熟悉财务管理规则。

（1）固定资产管理规则。

（2）融资渠道管理规则。

6. 熟悉模拟经营过程规则。

7. 熟悉模拟经营结果计算规则。

（1）破产规则。

（2）模拟经营总成绩计算。

四、实验小结

熟悉七个方面的规则，利用各种规则为企业各职能级战略的制定提供依据，使得各项职能活动顺利开展。

思考题

1. 比较银行长期贷款、银行短期贷款、高利贷、应收账款贴现、卖厂房以及卖厂房贴现等几种不同的融资方式，试计算并比较其利率。

2. 试比较购入的几种不同的生产线，每年其生产各种产品（1件）支付的费用。

3. 试说明各类产品的成本构成。

4. 图2－2是厂房内三条手工线和一条半自动线的在线生产情况，试分析四条生产线的年产量。

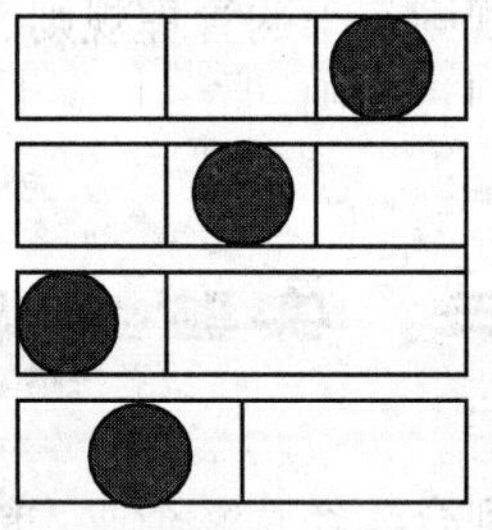

图2－2　在制品情况

5. 保证图2－2连续生产，如何下原材料的采购订单?

6. 全自动生产线应该在哪个季度上，其折旧费用最低?

7. 半自动线和全自动线、柔性线比较，是否值得上?

8. 如何完成广告费的投入?

9. 如何选择合适的订单？选取订单时主要考虑哪些因素的影响?

10. 何时变卖手工生产线?

11. ISO9000和ISO14000在什么时候进行投入合适?

12. 第六年应如何利用运营规则能够得到更多加分?

实验四

赛前热身实战演示实验

一、实验目的

1. 理论联系实际，深化理解经营管理基本理论，了解企业的经营本质。

2. 明确管理岗位职责、范围及其各岗位的分工，熟悉、掌握所担任角色的职责及必需的业务技能。

3. 了解和熟悉模拟运营的流程，明白任务清单中每一步任务的含义和工作内容。

4. 认真投入进行实验，按经营规则开展诚信经营。

二、实验内容

在单项实验二中模拟企业初始状态下，按照已经布置好的盘面，继续展开经营。各组同时接到如图 2－3 所示的订单，主要进行本年内各季度的经营工作内容。实验要求如下：

Beryl (Y0,本地)
5.4×6M=32M
账期:2Q　　交货:Q2

图 2－3　模拟经营订单

1. 在不进行任何贷款；不投资新的生产线；不进行产品研发；不购买新厂房；不开拓新市场；不进行 ISO 认证的条件下进行连续生产。

2. 每季度订购 1 批 M1 原材料。

3. 生产持续进行。

4. 单项实验二中模拟企业初始状态的财务报表见表 2－2 和表 2－3。

表 2-2　　　　　　　　　　　资产负债表

资　　产	百万元	负债 + 权益	百万元
现金	20	长期负债	40
应收款	15	短期负债	0
在制品	8	应付款	0
成品	6	应交税金	1
原料	3	一年到期的长贷	0
流动资产合计	52	负债合计	41
固定资产		权益	
土地和建筑	40	股东资本	50
机器和设备	13	利润留存	11
在建工程	0	年度净利	3
固定资产合计	53	所有者权益合计	64
总资产	105	负债 + 权益	105

表 2-3　　　　　　　　　　　损益表

项　　目		金额/百万元
销售收入	+	35
直接成本	-	12
毛利	=	23
综合费用	-	11
折旧前利润	=	12
折旧	-	4
支付利息前利润	=	8
财务收入/支出	+/-	4
额外收入/支出	+/-	0
税前利润	=	4
所得税	-	1
净利润	=	3

三、实验步骤

进行 1 个会计年度的模拟生产经营活动，根据年中的各项工作的安排，由各组的 CEO 组织各部门主管，按照下面任务清单的步骤的提示，对完成部分打钩，并填写相关数据，在附录六经营过程记录表的起始年度上面使每组有条不紊地完成各不同会计年度的生产经营任务。同时，要对当年的生产经营情况做数据总结，完成相应的财务报表，进一步明确企业下一年的各项职能战略。注意每年度末按时提交财务报表，而且报表必须真实；每年都要按照下面的各步骤进行相关的生产经营活动，必须按照操作顺序进行，不能私自修改顺序。具体步骤如下：

1. 申请短期贷款/更新短期贷款/短款还本付息。申请短期贷款：短期贷款只有在这一时点上可以申请。可以申请的最高额度为：

上一年所有者权益 ×2 -（已有短期贷款 + 一年内到期的长期负债）

更新短期贷款：如果企业有短期贷款，请财务总监将一定量的红色短期贷款筹码向现金库方向移动一格。移至现金库时，表示短期贷款到期。

还本付息：短期贷款的还款规则是利随本清。短期贷款到期时，需要支付 5% 的利息，因此，财务总监从现金库中取现金，其中本金还给银行，5% 的利息放置于沙盘上的“利息”处并做好现金收支记录。

注意：企业随时可以向银行申请高利贷，高利贷贷款额度视企业当时的具体情况而定，如果贷了高利贷，可以与短期贷款同样管理。

2. 更新应付款/归还应付款。由财务总监将应付款向现金库方向推进一格。到达现金库时，从现金库中取现金付清应付款并做好现金收支记录。

3. 更新原料订单/原材料入库。供应商发出的订货已运抵企业时，企业必须无条件接受货物并支付料款。采购总监将原料订单区中的黄色筹码向原料库方向推进一格，到达原料库时，向财务总监申请原料款，支付给供应商，换取相应的原料。如果现金支付，财务总监要做好现金收支记录。如果启用应付账款，则在沙盘上做相应标记。

4. 下原料订单。采购总监根据年初制订的采购计划，决定采购的原料的品种及数量，按照计划取相应数量的代表不同原材料的黄色筹码，放置于对应品种的原料订单处。

5. 更新生产/完工入库。由运营总监将各生产线上的在制品上推进一格。产品下线表示产品完工，将产品放置于相应的产成品库。

6. 投资新生产线/生产线转产/变卖生产线。投资新生产线：投资新设备时，运营总监向指导老师领取新生产线标识，翻转放置于某厂房相应位置，其上放置与该生产线安装周期相同的空桶数，每个季度向财务总监申请建设资金，额度 = 设备总购买价值/安装周期，财务总监做好现金收支记录。在全部投资完成后的下一季度，将生产线标识翻转过来，领取产品标识，可以开始投入使用。

变卖生产线：当生产线上的在制品完工后，可以变卖生产线。如果此时该生产线净值 < 残值，将生产线净值直接转到金库中；如果该生产线净值 > 残值，从生产线净值中取出等同于残值的部分置于现金库，将现金差额部分置于综合费用的其他项。财务总监做好现金收支记录。

生产线转产：生产线转产是指某生产线转产生产其他产品。不同生产线类型转产所需的调整时间及资金投入是不同的，请参阅“生产线购买、转产与维修、出售规则”规则。如果需要转产且该生产线需要一定的转产周期及转产费用，请运营总监翻转生产线标识，按季度向财务总监申请并支付转产费用，停工满足转产周期要求并支付全部的转产费用后，再次翻转生产线标识，领取新的产品标识，开始新的生产。财务总监做好现金收支记录。

注意：生产线一旦建设完成，不得在各厂房间随意移动。

7. 向其他企业购买原材料/出售原材料。新产品上线时，原料库中必须备有足够的原料，否则需要停工待料。这时采购总监可以考虑向其他企业购买。如果按原料的原值购入，购买方视同“原材料入库”处理，出售方采购总监从原料库中取出原料，向购买方收取回值现金，放入现金库并做好现金收支记录。

如果高于原料价值购入，购买方将差额（支出现金－原料价值）记入利润表中的其他支出；出售方将差额记入利润表中的其他收入，财务总监做好现金收支记录。

8. 开始下一批生产。当更新生产/完工入库后，某些生产线的在制品已经完工，可以考虑开始生产新产品。由运营总监按照产品结构从原料库中取出原料，并向财务总监申请产品加工费，将上线产品摆放到离原料库最近的生产周期。

9. 更新应收款/应收款收现。财务总监将应收款向现金库方向推进一格，到达现金库时即成为现金，做好现金收支记录。

注意：在资金出现缺口且不具备银行贷款的情况下，可以考虑应收款贴现。应收款贴现随时可以进行，财务总监按照相应贴现比例，将贴现费用置于沙盘上的“贴现”处，另外部分放入现金区域，并做好现金收支记录。应收账款贴现要考虑账期因素。

10. 出售厂房。资金不足时，可以考虑出售厂房，按照“厂房购买、出售与租赁”的相应规则操作。

11. 向其他企业购买成品/出售成品。如果产能计算有误，有可能本年度不能交付客户订单，这样不仅信誉尽失，且要接受订单总额的25%的罚款。这时营销总监可以考虑向其他企业购买产品。如果以成本价购买，买卖双方正常处理；如果高于成本价购买，购买方将差价（支付现金－产品成本）记入直接成本，出售方将差价记入销售收入，财务总监做好现金收支记录。

12. 按订单交货。营销总监检查各成品库中的成品数量是否满足客户订单要求，满足则按照客户订单交付约定数量的产品给客户，并在订单登记表中登记该批产品的成本。客户按订单收货，并按订单上列明的条件支付货款，若为现金（0账期）付款，营销总监直接将现金置于现金库，财务总监做好现金收支记录；若为应收账款，营销总监将现金置于应收账款相应账期处。

13. 产品研发投资。按照年初制订的产品研发计划，运营总监向财务总监申请研发资金，置于相应产品研发区域位置。财务总监做好现金收支记录。

14. 支付行政管理费用。管理费用是企业为了维持经营发放的管理人员工资、必要的差旅费、招待费等。财务总监每季度取出1M摆放在“管理费”处，并做好现金收支记录。

15. 其他现金情况记录。除以上引起现金流动的项目外，还有一些没有对应项目的，如应收账款贴现、高利贷支付的费用等，可以直接记录在该项中。

16. 季末盘点。财务总监统计本季度现金收入总额、现金支出总额、盘点现金余额等并做好登记。

四、实验小结

1. 各组最终经营结果见表2-4和表2-5。

表2-4　　损益表　　单位：百万元

项　目		年　初	年　末
销售收入	+	35	32
直接成本	-	12	12
毛利	=	23	20
综合费用	-	11	9
折旧前利润	=	12	11
折旧	-	4	4
支付利息前利润	=	8	7
财务收入/支出	+/-	4	4
额外收入/支出	+/-	0	
税前利润	=	4	3
所得税	-	1	1
净利润	=	3	2

表2-5　　资产负债表　　单位：百万元

资　产		年初	年末	负债+权益		年初	年末
流动资产				负债			
现金	+	20	42	长期负债	+	40	40
应收款	+	15	0	短期负债	+		
在制品	+	8	8	应付款	+		
成品	+	6	6	应交税	+	1	1
原料	+	3	2	总负债	=	41	41
总流动资产	=	52	58				

续表

资　　产		年初	年末	负债 + 权益		年初	年末
固定资产				权益			
土地和建筑	+	40	40	股东资本	+	50	50
机器和设置	+	13	9	利润留存	+	11	14
在建工程	+			年度净利	+	3	2
总固定资产	=	53	49	所有者权益	=	64	66
总资产	=	105	107	负债 + 权益	=	105	107

2. 经营过程中注意：年中进行的 16 项工作每个季度都要按照相应顺序进行执行，不得修改顺序，否则视同违规。

第三部分

综合实验

ERP沙盘模拟实验

一、实验目的

通过模拟企业7年的经营过程，使学生在分析市场、制订战略、营销策划、组织生产、财务管理等一系列活动中，了解企业的管理规律，了解企业战略与经营应如何密切配合，洞悉企业成功的重要因素；同时，透过模拟实战演练，使学生掌握衡量企业运营状况的方法，深刻理解其相应衡量指标的含义，对企业资源的管理过程有一个切身的体验，领悟企业经营管理的关键，了解ERP对企业管理的解决之道，提升进行企业管理的能力，同时也学会理论联系实际，学以致用。

二、实验内容

1. 战略管理模块。经过课前的预习，制定模拟企业 7 年的经营战略，每年的经营战略都各有侧重。

起始年熟悉流程的操作，熟悉报表的编制，熟悉运用运营的规则；

第一年是企业的起步阶段，主要决策内容在于：市场以及产品的定位、生产能力的核算、筹资方式以及资金的预算决策；

第二年仍然是投资期，逐渐增加企业的投资；

第三年侧重做好资金预算，尤其注意所有者权益的控制，如果可能为负，则想办法削减各项费用，包括产品研发费用、市场开拓费用、ISO 认证费用等；

第四年在控制资金风险外，重点考虑扩大企业的产能，为后续获得良好的销售收入做准备；

第五年控制资金风险，继续扩张，争取市场的龙头位置；

第六年完成全部经营活动，灵活运用运营规则。

2. 财务管理模块。

（1）筹资。实战操作中，学生掌握筹资策略与技巧，灵活运用各种企业筹资的方法（包括长期贷款、短期贷款、高利贷、贴现、融资租赁及其他）以取得最好的经济效果。

（2）投资。实践操作中，学生要特别注意各种投资的局限性，如固定资产投资（包括生产线投资和厂房投资）和无形资产投资（包括产品研发投资、市场开拓投资及 ISO 认证投资等），灵活应用企业各种投资（流动资产和非流动资产投资）方式，以取得最好的效果。

3. 生产管理模块。实战操作中，学生灵活运用生产管理的策略与技巧进行产程安排、原材料采购、产品研发管理、质量体系认证及库存管理等工作，了解企业在产品制造过程中有哪些环节需要进行管理，尤其是长期、中期和短期计划管理的方法及其特点与区别，以取得最好的效果。

4. 营销管理模块。实战操作中，学生灵活运用市场营销策略与技巧，进行市场预测与分析、广告策略、场外交易、市场领导者地位的取得及作用发挥等，使学生了解实验在市场营销中需要管理的内容与方法。

（1）向每组学生提供与经营状况、经营条件相似的初始企业的基础资料，见附录模拟企业简介及其市场预测。

（2）由教师负责企业外部所需要的各类市场代表、各类融资供给方代表、各类原材料供应方代表、各类生产设备供应代表、各类技术供应代表、各类市场代表。

（3）学生依据自己对市场的分析（由于市场状况的资料取自于以往真实市场发展的数据整理，因此，学生在对市场进行分析时，往往难以靠经验直接得出结论。）和对竞争对手（其他小组）经营行为的判断，决定自己的经营（融资、设备采购、原材料供应商和市场营销、技术创新方式等的选择）战略。

（4）经过一段时间的经营以后，教师对各小组的经营结果进行评价（但不涉及各小组的资产构成、经营方针等经营的机密），以便让参与实验的学生了解自己的经营状况，并对其进行调整。

（5）经过几轮经营后，最后由教师对各小组的经营业绩进行盘点。并按资产、资金、市场、设备等状况，决定各小组经营的优劣，进行排序。

（6）每次实验完毕后，提供相应的实验报告，具体要求以附录经营过程记录表为准。

三、实验步骤

把单项实验四的内容作为模拟企业起始经营年度，填写起始年度相应表格，按照已经布置好的盘面，继续展开后面会计年度的模拟生产经营活动，根据每年年初、年中、年末的各项工作的安排，由各组的 CEO 组织各部门主管，按照经营过程记录表中任务清单的步骤的提示，对完成部分打钩，并填写相关数据，使每组有条不紊地完成各不同会计年度的生产经营任务。同时，要对当年的生产经营情况做数据总结，完成相应的财务报表，进一步明确企业下一年的各项职能战略。注意每年度末按时提交财务报表，而且报表必须真实；每年都要按照下面的各步骤进行相关的生产经营活动，必须按照操作顺序进行，不能私自修改顺序。具体步骤如下：

（一）每年年初工作内容

根据前一年度（初始状况）的经营情况，预测、分析未来的市场趋势以及当今企业经营中的问题，寻找解决问题的办法，制定新一年度的各项战略决策。首先，召开新一年度规划会议，组织各部门主管制定其部门职能战略。其次，由营销经理参加一年一度的订货会，填写广告投放单（见附录广告投放单），竞争本年度的销售订单，最后，领取订单之后，登记订单，按照订单情况制订企业新年度计划，开始本年度的经营活动。

1. 新年度规划会议。每一年开始时，企业高管人员团队要制订或者调整企业的战略，做出生产经营规划，包括设备产能规划、营销规划、财务规划方案等。具体来讲，需要进行生产能力的计算和现金预算。

生产能力的计算主要根据期末的库存量以及企业当前的生产线的工作状况，在参加订货会之前，生产经理和营销经理要准确计算各季度的产品生产数量以及销售数量，为后续的领单工作做好准备。确保生产设备满负荷运转，而且准时照单交货。

现金预算主要是在生产以及销售量确定之后，围绕企业的资金投入来进行的。在合理计算企业运营的各项费用（包括：行政管理费、广告投入费、市场开拓费、产品研发费、ISO 认证费、设备购置费等）后，可以用盈亏平衡法初步计算盈亏平衡点的产量。

预算是企业经营决策和长期投资决策目标的一种数量表现，即通过有关的数据将企业全部经济活动的各项目标具体地、系统地反映出来。销售预算是编制预算的关键和起点，主要是对本年度要达成的销售目标的预测，销售预算的内容是销售数量、单价和销售收入等。

2. 参加订货会/支付广告费。参加订货会：各企业派营销总监参加销售会议，按照市场地位、广告投放、竞争态势、市场需求等条件分配客户订单。

注意：争取客户订单前，应以企业的产能、设备投资计划等为依据，避免接单不足，设备闲置或盲目接单，无法按时交货，引起企业信誉降低。

财务总监记录支出的广告费。

3. 登记销售订单。登记销售订单：客户订单相当于与企业签订的订货合同，需要进行登记管理。营销总监领取订单后，负责将订单登记在“订单登记表”中，记录每张订单的订单号、所属市场、所订产品、产品数量、订单销售额、应收账期；将广告费放置在沙盘上的“广告费”位置。

4. 制订新年度计划。在明确今年的销售任务后，需要以销售为龙头，结合企业对未来的预期，编制生产计划、采购计划、设备投资计划并进行相应的资金预算。将企业的供产销活动有机结合起来，使企业各部门的工作形成一个有机的整体。

5. 支付应付税（根据上年度结果）。依法纳税是每个企业及公民的义务。请财务总监按照上一年度利润表的“所得税”一项的数值取出相应的现金放置于沙盘上的“税金”处并做好现金收支记录。

（二）每年各季度工作内容

1. 申请短期贷款/更新短期贷款/短期贷款还本付息。申请短期贷款：短期贷款只有在这一时点上可以申请。可以申请的最高额度为：上一年所有者权益 ×2 －（已有短期贷款 + 一年内到期的长期负债）。

更新短期贷款：如果企业有短期贷款，请财务总监将一定量的红色短期贷款筹码向现金库方向移动一格。移至现金库时，表示短期贷款到期。

还本付息：短期贷款的还款规则是利随本清。短期贷款到期时，需要支付 5% 的利息，因此，财务总监从现金库中取出现金，其中本金还给银行，5% 的利息放置于沙盘上的“利息”处并做好现金收支记录。

注意：企业随时可以向银行申请高利贷，高利贷贷款额度视企业当时的具体情况而定，如果贷了高利贷，可以与短期贷款同样管理。

2. 更新应付款/归还应付款。由财务总监将应付款向现金库方向推进一格。到达现金库时，从现金库中取现金付清应付款并做好现金收支记录。

3. 更新原料订单/原材料入库。供应商发出的货物已运抵企业时，企业必须无条件接受货物并支付料款。采购总监将原料订单区中的黄色筹码向原料库方向推进一格，到达原料库时，向财务总监申请原料款，支付给供应商，换取相应的原料。如果现金支付，财务总监要做好现金收支记录。如果启用应付账款，在沙盘上做相应标记。

4. 下原料订单。采购总监根据年初制订的采购计划，决定采购的原料的品种及数量，按照计划取相应数量的代表不同原材料的黄色筹码，放置于对应品种的原料订单处。

5. 更新生产/完工入库。由运营总监将各生产线上的在制品上推进一格。产品下线表示产品完工，将产品放置于相应的产成品库。

6. 投资新生产线/生产线转产/变卖生产线。投资新生产线：投资新设备时，运营总监向指导老师领取新生产线标识，翻转放置于某厂房相应位置，其上放置与该生产线安装周期相同的空桶数，每个季度向财务总监申请建设资金，额度 = 设备总购买价值/安装周期，财务总监做好现金收支记录。在全部投资完成后的下一季度，将生产线标识翻转过来，领取产品标识，可以开始投入使用。

变卖生产线：当生产线上的在制品完工后，可以变卖生产线。如果此时该生产线净值 < 残值，将生产线净值直接转到现金库中；如果该生产线净值 > 残值，从生产线净值中取出等同于残值的部分置于现金库，将现金差额部分置于综合费用的其他项。财务总监做好现金收支记录。

生产线转产：生产线转产是指某生产线转产生产其他产品。不同生产线类型转产所需的调整时间及资金投入是不同的，请参阅“生产线购买、转产与维修、出售规则”规则。如果需要转产且该生产线需要一定的转产周期及转产费用，请运营总监翻转生产线标识，按季度向财务总监申请并支付转产费用，停工满足转产周期要求并支付全部的转产费用后，再次翻转生产线标识，领取新的产品标识，开始新的生产。财务总监做好现金收支记录。

注意：生产线一旦建设完成，不得在各厂房间随意移动。

7. 向其他企业购买原材料/出售原材料。新产品上线时，原料库中必须备有足够的原料，否则需要停工待料。这时采购总监可以考虑向其他企业购买。如果按原料的原值购入，购买方视同“原材料入库”处理，出售方采购总监从原料库中取出原料，向购买方收取回值现金，放入现金库并做好现金收支记录。

如果高于原料价值购入，购买方将差额（支出现金 - 原料价值）记入利润表中的其他支出；出售方将差额记入利润表中的其他收入，财务总监做好现金收支记录。

8. 开始下一批生产。当更新生产/完工入库后，某些生产线的在制品已经完工，可以考虑开始生产新产品。由运营总监按照产品结构从原料库中取出原料，并向财务总监申请产品加工费，将上线产品摆放到离原料库最近的生产周期。

9. 更新应收款/应收款收现。财务总监将应收款向现金库方向推进一格，到达现金库时即成为现金，做好现金收支记录。

注意：在资金出现缺口且不具备银行贷款的情况下，可以考虑应收款贴现。应收款贴现随时可以进行，财务总监按照相应贴现比例，将贴现费用置于沙盘上的“贴现”处，另外部分放入现金区域，并做好现金收支记录。应收账款贴现要考虑账期因素。

10. 出售厂房。资金不足时，可以考虑出售厂房，按照“厂房购买、出售与租赁”的相应规则操作。

11. 向其他企业购买成品/出售成品。如果产能计算有误，有可能本年度不能交付客户订单，这样不仅信誉尽失，且要接受订单总额的 25% 的罚款。这时营销总监可以考虑向其他企业购买产品。如果以成本价购买，买卖双方正常处理；如果高于成本价购买，购买方将差价（支付现金 - 产品成本）记入直接成本，出售方将差价记入销售收入，财务总监做好现金收支记录。

12. 按订单交货。营销总监检查各成品库中的成品数量是否满足客户订单要求，满足则按照客户订单交付约定数量的产品给客户，并在订单登记表中登记该批产品的成本。客户按订单收货，并按订单上列明的条件支付货款，若为现金（0 账期）付款，营销总监直接将现金置于现金库，财务总监做好现金收支记录；若为应收账款，营销总监将现金置于应收账款相应账期处。

13. 产品研发投资。按照年初制订的产品研发计划，运营总监向财务总监申请研发资金，置于相应产品研发区域位置。财务总监做好现金收支记录。

14. 支付行政管理费用。管理费用是企业为了维持经营发放的管理人员工资、必要的差旅费、招待费等。财务总监每季度取出1M摆放在“管理费”处，并做好现金收支记录。

15. 其他现金情况记录。除以上引起现金流动的项目外，还有一些没有对应项目的，如应收账款贴现、高利贷支付的费用等，可以直接记录在该项中。

16. 季末盘点。财务总监统计本季度现金收入总额、现金支出总额、盘点现金余额等并做好登记。

注意：以上16项工作每个季度都要按照相应顺序进行执行。

（三）每年年末工作内容

1. 申请长期贷款/更新长期贷款/长期贷款支付利息。支付利息：长期贷款的还款规则是每年付息，到期还本。如果当年未到期，每桶需要支付20M×10% =2M的利息，财务总监从现金库中取出长期借款利息置于沙盘上的“利息”处，并做好现金收支记录。长期贷款到期时，财务总监从现金库中取出现金归还本金及当年的利息，并做好现金收支记录。

更新长期贷款：如果企业有长期贷款，请财务总监将装有一定数量的红色贷款筹码的桶向现金库方向移动一格；当移至现金库时，表示长期贷款到期。

申请长期贷款：长期贷款只有在年末可以申请。可以申请的额度为：

上一年所有者权益×2－(已有长期贷款＋一年内到期的短期贷款)

2. 支付设备维修费。在用的每条生产线维护费的支付参照“生产线费用与周期规则”执行，财务总监取相应现金置于沙盘上的“维护费”区域处，并做好现金收支记录。

3. 支付租金（或购买厂房）。大厂房为自主厂房，如果本年在小厂房中安装了生产线，此时要决定该厂房是购买还是租用，如果购买，财务总监取出与厂房价值相等的现金置于沙盘上的厂房价值区域处；如果租赁，财务总监取出与厂房租金相等的现金置于沙盘上方的“租金”区域处，无论购买还是租赁，财务总监应做好现金收支记录。

4. 折旧。厂房不提折旧，设备按余额递减法计提折旧，在建工程及当年新建设备不提折旧。折旧=原有设备价值/3向下取整。财务总监从设备价值中取折旧费放置于沙盘上的“折旧”处。当设备价值下降至3M时，每年折旧1M。

注意：计提折旧时只可能涉及生产线净值和其他费用两个项目，与现金流无关，因此在任务清单中标注了（ ）以示区别，计算现金收/支合计时不应考虑该项目。

5. 新市场开拓投资/ISO资格认证投资。新市场开拓：营销总监放置在需要开拓的市场区域，并做好现金支出记录。市场开发完成，即市场开拓区域内所需投入完成，则具备相应的市场准入资格。

ISO认证投资：研发向财务总监申请现金，放置在要认证的区域，并做好现金支出记录。认证完成，则具备相应的ISO资格。

6. 关账，编制报表。一年的经营下来，年终要做一次“盘点”，编制利润表和资产负债表。在报表做好之后，指导教师将会取走沙盘上企业已支出的各项成本，为来年做好准备。

填好经营过程记录表（见附录），完成实验报告（见附录）。

四、实验小结

本实验在了解实验原理基础上，给我们提供了一些实验中可以运用的决策方法，同时，详细介绍沙盘模拟实验的具体操作流程，包括每年的年初、每个季度、每年年末的工作内容，使同学们在熟悉规则的基础上，顺利完成7年的模拟经营操作。

思考题

1. 试述你们公司的每一年的产品研发战略。

2. 试述你们公司的每一年的市场开拓战略。

3. 在第一年订单选择结束后，按照本公司制定战略试计算本年年末的所有者权益和利润。

4. 若完成图3－1这张订单，如何确定采购期、采购数量？

Beryl (Y1,本地)
4×4.3M=17M ISO9000
账期:1Q 交货:Q4

图3－1

生产线以及产品在线状况如图3－2和图3－3所示：一条手工线和一条半自动线。

手工线

图3－2

半自动线

图3－3

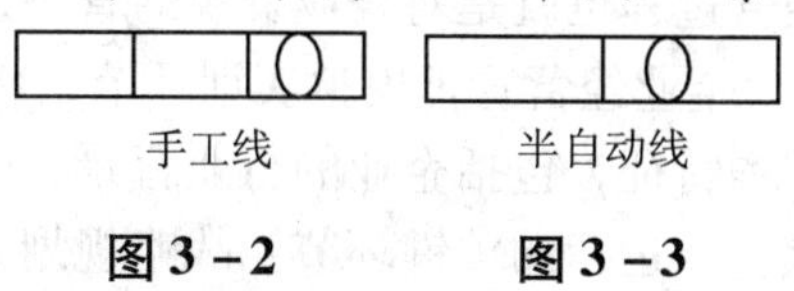

附录一

ERP 沙盘系统盘面设计

一、ERP 沙盘系统设计目的

“沙盘”，很容易使人联想到战争年代的军事作战指挥沙盘或房地产开发商销售楼盘时的小区规划布局沙盘。这些沙盘清晰地模拟了真实的地形地貌，使得观察者不必亲临现场，也能对所关注的问题（位置）了然于胸，从而运筹帷幄，制订决策。

ERP（Enterprise Resource Planning）是企业资源计划的简称。企业资源从内部而言包括了厂房、设备、物料、资金、人员，外部则还包括企业上下游的供应商和客户等。企业资源计划的实质就是如何在资源有限的情况下，合理组织企业的生产，力求实现利润最大，成本最低。可以说，企业的生产经营过程也就是对企业资源的管理过程。

“ERP 沙盘模拟实验”作为企业经营管理模拟实训环节，将以简化的某个虚拟制造业企业为背景，反映一般企业的基本特征，包括企业的行业背景、主要产品、组织结构，重点介绍企业基本业务流程，模拟该企业运营的关键环节：战略规划、资金筹集、市场营销、产品研发、生产组织、物资采购、设备投资与改造、财务核算与管理等。

1. 借助于金蝶 ERP 沙盘系统，进一步理解企业管理的基本原理；通过模拟体验，了解制造类企业的基本物流业务流程；多方位拓展知识体系，可以使学员在以下几方面获益：

（1）战略管理。成功的企业一定有着明确的企业战略，包括产品战略、市场战略、竞争战略及资金运用战略等。从最初的战略制订到最后的战略目标达成，经过几年的模拟，使学员学会用战略的眼光看待企业的业务和经营，保证业务与战略的一致，在未来的工作中更多地获取战略性成功而非机会性成功。

（2）营销管理。企业的资源、行为就是要满足客户的需求。市场营销是企业用价值不断来满足客户需求的过程。经过几年的模拟，使学员学会如何分析市场、关注竞争对手、把握消费者需求、制订营销战略、定位目标市场，制订并有效实施销售计划，最终达成企业战略目标。

（3）生产管理。在模拟中，把企业的采购管理、生产管理、质量管理统一纳入到生产管理领域，经过几年的模拟，学员将充分运用所学知识，积极思考新产品研发、物资采购、生产运作管理、品牌建设等一系列问题，在不断的成功与失败中获取新知。

（4）财务管理。经过几年的模拟，学员将清晰掌握资产负债表、利润表的结构；掌握资本流转如何影响损益；解读企业经营的全局；预估长短期资金需求，以最佳方式筹资，控制融资成本，提高资金使用效率；理解现金流对企业经营的影响。

（5）人力资源管理。从岗位分工、职位定义、沟通协作、工作流程到绩效考评，沙盘模拟中每个团队经过初期组建、短暂磨合、逐渐形成团队默契，完全进入协作状态。经过几年的模拟，使学员深刻地理解局部最优不等于总体最优的道理，学会换位思考。明确只有在组织的全体成员有着共同愿景、朝着共同的绩效目标、遵守相应的工作规范、彼此信任和支持的氛围下，企业才能取得成功。

（6）基于信息管理的思维方式。经过几年的模拟，使学员真切地体会到构建企业信息系统的紧迫性。

2. 借助于金蝶 ERP 沙盘模拟系统，全面提高学员综合素质，使学员在以下方面获益：

（1）树立共赢理念。市场竞争是激烈的，寻求与合作伙伴之间的双赢、共赢才是企业发展的长久之道。

（2）树立全局观念，培养团队合作意识。通过 ERP 沙盘模拟，学员可以深刻体会到团队协作精神的重要性。在企业运营过程中每一个角色都要以企业总体最优为出发点，各司其责，相互协作，才能赢得竞争，实现目标。

（3）保持诚信。诚信是一个企业立足之本，发展之本。诚信原则在 ERP 沙盘模拟课程中体现为对“游戏规则”的遵守，如市场竞争规则、产能计算规则、生产设备购置以及转产等具体业务的处理。保持诚信是学员立足社会、发展自我的基本素质。

（4）感悟人生。在市场的残酷与企业经营风险面前，是“轻言放弃”还是“坚持到底”，这不仅是一个企业可能面临的问题，更是在人生中不断需要抉择的问题，经营自己的人生与经营一个企业具有一定的相通性。

3. 借助于金蝶 ERP 沙盘系统，实现从感性到理性的飞跃。经过几年的模拟，学员推演自己的企业经营管理思路，每一次基于现场的案例分析及基于数据分析的企业诊断，都会使其受益匪浅，达到磨炼商业决策敏感度，提升决策能力及长期规划能力的目的，使其经历了一个从理论到实践再到理论的上升过程，把自己亲身经历的宝贵实践经验转化为全面的理论模型。

二、ERP 沙盘盘面结构

ERP 沙盘模拟就是将企业的各主要职能部门的经营管理活动制作成类似实际的模型，按照本系统设计的企业运营的规则，进行模拟企业的经营过程。

金蝶 ERP 沙盘系统是以制造业企业为例，以一套沙盘教具为载体，由财务、销售、生产、质量和信息管理等多个模块组成，其功能覆盖了企业管理的方方面面。沙盘教具主要包括：沙盘盘面六张，代表六个相互竞争的模拟企业。具体 ERP 沙盘盘面见图 1。

ERP 沙盘模拟课程的实践操作是在沙盘的盘面上进行的，各组成员的企业经营决策执行情况和运行结果将通过盘面体现出来。ERP 沙盘盘面按企业各部门的职能划分为营销与规划中心、物流中心、生产中心和财务中心四个部分。

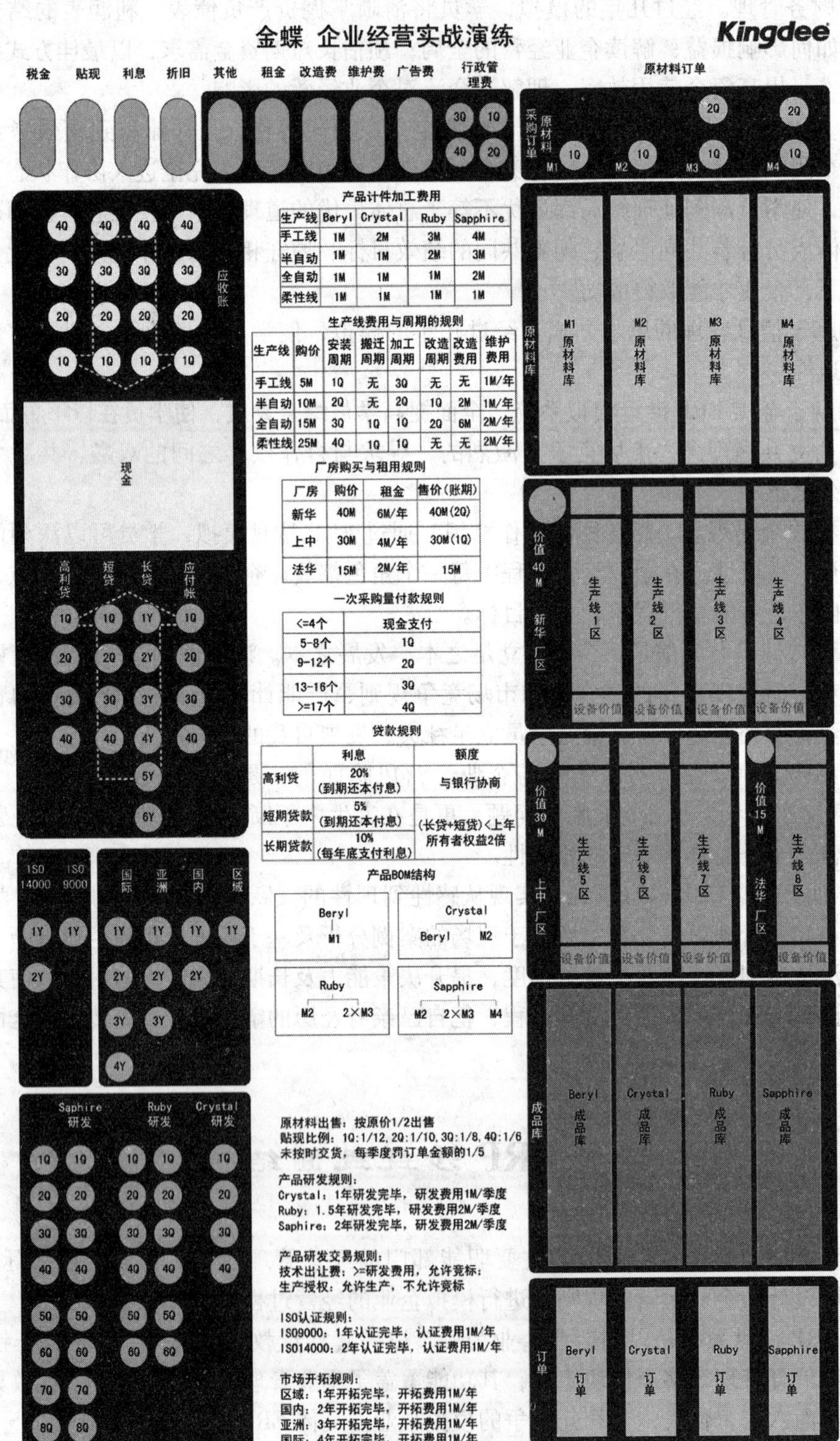

金蝶 企业经营实战演练
Kingdee
税金 贴现 利息 折旧 其他 租金 改造费 维护费 广告费 行政管理费
原材料订单
采购订单 原材料
M1 M2 M3 M4
应收账
现金
高利贷 短贷 长贷 应付帐
产品计件加工费用
生产线 Beryl Crystal Ruby Sapphire
手工线 1M 2M 3M 4M
半自动 1M 1M 2M 3M
全自动 1M 1M 1M 2M
柔性线 1M 1M 1M 1M
生产线费用与周期的规则
生产线 购价 安装周期 搬迁周期 加工周期 改造周期 改造费用 维护费用
手工线 5M 1Q 无 3Q 无 无 1M/年
半自动 10M 2Q 无 2Q 1Q 2M 1M/年
全自动 15M 3Q 1Q 1Q 2Q 6M 2M/年
柔性线 25M 4Q 1Q 1Q 无 无 2M/年
厂房购买与租用规则
厂房 购价 租金 售价（账期）
新华 40M 6M/年 40M(2Q)
上中 30M 4M/年 30M(1Q)
法华 15M 2M/年 15M
一次采购量付款规则
<=4个 现金支付
5-8个 1Q
9-12个 2Q
13-16个 3Q
>=17个 4Q
贷款规则
利息 额度
高利贷 20%（到期还本付息） 与银行协商
短期贷款 5%（到期还本付息） （长贷+短贷）<上年所有者权益2倍
长期贷款 10%（每年底支付利息）
产品BOM结构
Beryl M1
Crystal Beryl M2
Ruby M2 2×M3
Sapphire M2 2×M3 M4
原材料库
M1原材料库 M2原材料库 M3原材料库 M4原材料库
价值40M 新华厂区
生产线1区 生产线2区 生产线3区 生产线4区
设备价值
价值30M 上中厂区
生产线5区 生产线6区 生产线7区
价值15M 法华厂区
生产线8区
ISO 14000 ISO 9000
国际 亚洲 国内 区域
Saphire研发 Ruby研发 Crystal研发
原材料出售：按原价1/2出售
贴现比例：1Q:1/12,2Q:1/10,3Q:1/8,4Q:1/6
未按时交货，每季度罚订单金额的1/5
产品研发规则：
Crystal：1年研发完毕，研发费用1M/季度
Ruby：1.5年研发完毕，研发费用2M/季度
Saphire：2年研发完毕，研发费用2M/季度
产品研发交易规则：
技术出让费：>=研发费用，允许竞标；
生产授权：允许生产，不允许竞标
ISO认证规则：
ISO9000：1年认证完毕，认证费用1M/年
ISO14000：2年认证完毕，认证费用1M/年
市场开拓规则：
区域：1年开拓完毕，开拓费用1M/年
国内：2年开拓完毕，开拓费用1M/年
亚洲：3年开拓完毕，开拓费用1M/年
国际：4年开拓完毕，开拓费用1M/年
成品库
Beryl成品库 Crystal成品库 Ruby成品库 Sapphire成品库
订单
Beryl订单 Crystal订单 Ruby订单 Sapphire订单

图1 ERP沙盘盘面

1. 营销与规划中心。在盘面上，营销与规划中心主要包括三个区域：市场开拓规划区域、产品研发规划区域和ISO认证规划区域。

市场开拓规划区域：确定企业需要开发哪些市场。各公司早已经进入了本地市场，可供选择开拓的有区域市场、国内市场、亚洲市场和国际市场。

产品研发规划区域：确定企业需要研发哪些产品。各公司早已经生产了产品 Beryl，可供选择开发的有产品 Crystal、Ruby 和 Sapphire。

ISO 认证规划区域：确定企业需要争取获得哪些国际认证，包括 ISO9000 质量认证和 ISO14000 环境认证。

2. 物流中心。在盘面上物流中心主要体现为原材料采购订单、原材料库、产品订单和成品库四个区域。

原材料采购订单区域：代表与供应商签订的订货合同，订货数量用放在原材料订单处的黄色的 M1、M2、M3 和 M4 四个品种订单分别表示。因为 M1、M2 原材料的采购提前期为一个季度；M3、M4 原材料的采购提前期为两个季度，这就导致 M3、M4 原材料有一个季度为在途原材料，也在该区域列示。

原材料库区域：分别按照原材料品种列示，用于存放 M1、M2、M3、M4 原材料，每个价值 1M。

产成品库区域：分别按照产品品种列示，用于存放 Beryl、Crystal、Ruby、Sapphire 四种产成品。

产品订单区域：分别按照 Beryl、Crystal、Ruby、Sapphire 产品的品种列示，用于放置企业取得的产品订单。

3. 生产中心。在盘面上，生产中心主要由厂房、生产线、产品标识和价值区构成。

厂房：沙盘盘面上设计了三个厂区：新华厂区、法华厂区和上中厂区。各厂区内可以分别安装 4 条、3 条和 1 条生产线；厂区的上方为放置其价值的价值区。

生产线标识：生产线的种类有手工生产线、半自动生产线、全自动生产线、柔性生产线，不同生产线生产效率及灵活性不同，企业拥有哪种生产线就将其放置在相应的标识上。

产品标识：企业可供选择生产或研发后生产的产品的种类有四种，分别为 Beryl、Crystal、Ruby、Sapphire 产品，企业的生产线生产哪种产品，就将相应的产品标识放置在生产线下方的产品标识处。

价值区：在厂区下方是设备价值区，代表的是生产线的价值，是放置不同生产线的价值的区域。

4. 财务中心。在盘面上，财务中心主要由现金、应收账、贷款区构成。

现金区：用灰色钱币标志企业的现金数量。

应收账区：包括账龄不同的应收账款，可以在企业需要的时候进行贴现，账龄分别为 1Q、2Q、3Q 和 4Q，在销售获得销售收入后，若不是现金收入则需要按照不同账龄摆放。

贷款区：包括长贷、短贷、高利贷和应付账款。

5. 辅助教具。沙盘的辅助教具还包括：生产线、筹码、原材料采购订单、产品标签、销售订单及量杯等。其中：生产线包括手工线（24 条）、半自动（24 条）、全自动（30

条)、柔性线（18 条）；筹码包括原材料（蓝色）包括 M1 有 150 个，M2 有 20 个，M3 有 160 个，M4 有 100 个；原材料采购订单（黄色）包括 M1 有 150 个，M2 有 120 个，M3 有 160 个，M4 有 100 个；现金（灰色）1500 个；贷款（红色）10M 单位的 120 个，1M 单位的 120 个；产品标签包括 Beryl、Crystal、Ruby、Sapphire 若干；销售订单包括从 1 ~ 7 年的本地、区域、国内、亚洲、国际市场的产品订单若干张；量杯若干。

附录二

ERP 沙盘系统模拟运营规则

企业在一个开放的市场环境中生存，企业之间的竞争需要遵循一定的规则。只有熟悉和了解这些规则，才能做到合法经营，在竞争中提高自身的实力。综合考虑市场竞争及企业运营所涉及的内容，下面我们将对每一项规则进行分析。

一、营销管理规则

1. 市场开拓与市场准入规则。市场是企业产品销售的场所，模拟企业除拥有本地市场之外，还可以开拓区域市场、国内市场、亚洲市场和国际市场。而开拓以及维持不同市场所需的时间以及维护费用是不同的，在市场完成开拓之后，企业才有进入市场销售产品的权利。开拓市场以及市场维护的时间、费用见表 1。

表 1　市场开拓规则

市　场	开拓时间	开拓费用	备　注
本地市场	无	无	各市场可同时开拓，市场开拓完毕，才能竞争该市场的订单；开拓费用按开发时间平均支付，不允许超前投资；资金短缺时可以随时中断或终止投入；所有已进入的市场，每年需投入 1M 的市场维护费用，否则视为放弃该市场
区域市场	1 年	1M	
国内市场	2 年	1M	
亚洲市场	3 年	1M	
国际市场	4 年	1M	

如开拓国内市场，当累积开拓费用为 2M 时，下一年度即可以具备国内市场的准入资格，参加国内市场的订货会。

2. 订单争取规则。每年年初各家企业的营销经理与客户召开销售会议，根据市场地位、产品广告费投入以及市场竞争趋势取得相应订单。广告费分市场、分产品投放，订单按市场、按产品发放。每组都有广告费投入表，见附录一。

（1）第一年按照竞标金额排定。

（2）第二年起，上年本市场领导者首先选单。除市场领导者以外，按该市场该产品的广告投入量多少，依次选择订单。

（3）如在该市场该产品的广告投入量相同，按该市场上全部产品的广告投入量决定选单顺序。

（4）如在该市场全部产品的广告投入量也相同，就要按全部市场上的广告投入量决定选单顺序。

（5）如在全部市场上的广告投入量又相同，按上年本市场销售额的排名决定顺序。

（6）如上年本市场销售额的排名再相同，按全部市场上的订单销售额的排名决定顺序。

（7）如上年全部市场订单销售额的排名仍相同，可通过协商解决。

（8）协商不行，只得通过招标方式最终解决顺序。

（9）投入1M，有获取1个订单的可能，投入3M，有获取2个订单的可能，投入5M，有获取3个订单的可能，依此类推。第一轮选单结束后，如还有剩余的订单，就可以开始第二轮选单。只有在该市场该产品上做了3M或3M以上广告的组，才有权利参加第二轮选单。第二轮（和以后个轮）选单顺序也有上述8条决定。

（10）当订单上有“ISO9000”或“ISO14000”字样，表示该客户有相应的ISO认证要求。没有取得该认证资格的，没有在该市场做相应广告的，不能选这样的订单。否则就算违约。

当订单上有“加急”字样的，表示该客户要求本年度第一季度交货。否则就算违约。例如图2，首先，该订单要求领单企业完成亚洲市场开拓，而且要完成ISO9000认证，同时根据企业的生产能力，按期按照订单数量整单交货。

Ruby（Y4,亚洲） 加急!
2×8.5M=17M ISO9000
账期:现金 交货:Q1

图2 加急订单

注意：任何市场的领导者由上年在该市场的销售总价值（包括Beryl、Crystal、Ruby和Sapphire）最高的组担任。如销售总价值相同，则依次比较Sapphire，Ruby、Crystal单品的本市场销售总金额，较高者为该市场领导者。显而易见，第一年，没有市场领导者；刚开拓出的新市场，也没有市场领导者。

二、采购管理规则

1. 原材料采购、出售规则。

（1）将原材料采购订单放在相应的采购订单区域内，没有下订单的原材料不能采购入库；所有下订单的原材料到期必须采购入库。

（2）根据采购订单接受相应原材料入库，注意订货提前期，原材料订货提前期：M1:1Q；M2:1Q；M3:2Q；M4:2Q。

（3）根据采购订单接受相应原材料入库，原材料入库时必须到交易处支付现金购买已到期的原材料，并按规定付款或计入应付款，具体规则见表2。

表2　　一次性采购付款规则

原料采购数量	账　　期
≤4个	现金支付
5~8个	1Q
9~12个	2Q
13~16个	3Q
≥17个	4Q

（4）原材料变卖给银行，按原值1/2处理。

（5）组之间可以相互转让原材料。

2. 订单及交货规则。

（1）普通订单：按照季度生产，按规定的交货期交货。

（2）加急订单：一季度后交货。

（3）出现逾期交货时，必须先将逾期的订单交完货后，方可再交其他订单；无法按时交货，每季度罚订单金额的1/5；有违约表现（包括加急订单违约但当年交单）的各组，当年的市场地位不参与排名，如果市场老大违约，则本市场排名第二的上升为市场老大。

（4）交货后，按照订单上的账期放入应收账款对应季度。

3. 生产管理规则。主要涉及产品的BOM表以及加工费的规则。

（1）每条生产线同一时刻只能生产一个产品。

（2）各种产品的BOM（物料清单）见图3。

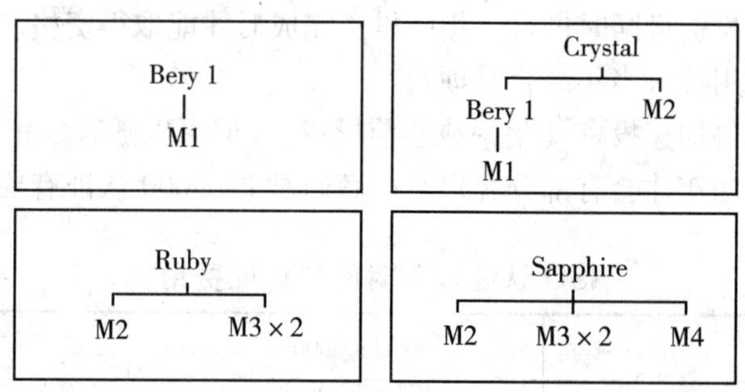

图3　四种产品的BOM结构

（3）开始生产时，将原料放在生产线上并支付加工费，具体加工费用见表3。

表 3　　产品生产加工费用

产　品	手工线加工费	半自动加工费	全自动加工费	柔性线加工费
Beryl	1M	1M	1M	1M
Crystal	2M	1M	1M	1M
Ruby	3M	2M	1M	1M
Sapphire	4M	3M	2M	1M

4. 研发管理规则。

（1）产品研发规则。

① 市场开拓完成后可取得相应的市场资格，才可以进行广告投入以及接单。

② 新产品研发投资按季度支付，必须完成投资后方可生产。

③ 研发投资的费用计入当年综合管理费。

④ 所有投资均不得加速投资，但可以随时中止或中断。

⑤ 产品研发结束后，可以进行相应技术出让，技术出让费≥研发费用，而且允许竞标。

⑥ 产品研发结束后，可以进行生产授权，只允许生产，但是不允许竞标，见表 4。

表 4　　产品研发时间以及研发费用

产　品	Crystal	Ruby	Sapphire
研发时间	1 年	1.5 年	2 年
研发投资	1M/季度	2M/季度	2M/季度

（2）ISO 认证规则。

① 通过 ISO 认证后可选择进行 ISO 广告投入。

② 有 ISO 要求的订单必须有相应的资质及 ISO 广告投入后方可接单。

③ 两项 ISO 认证投资可同时进行，相应投资完成后才能取得资格。

④ 认证投资的费用计入当年综合管理费。

⑤ 所有投资均不得加速投资（集中或超前投资），但可以随时中止或中断。

⑥ 一般情况，第四年才会有部分客户对厂商通过 ISO9000 认证有要求，见表 5。

表 5　　ISO 认证投入时间和认证费用

管理体系	ISO9000	ISO14000
建立时间	1 年	2 年
所需投资	1M/年	1M/年

5. 财务管理规则。

（1）固定资产管理规则。

① 厂房购买、出售与租赁规则。企业拥有三个自主厂房，有关厂房购买、出售与租赁的信息见表6。

表6　　　　厂房购买、出售与租赁

厂　　房	购　　价	租　　金	售价（账期）	容　　量
新华厂区	40M	6M/年	40M（2Q）	4条生产线
上中厂区	30M	4M/年	30M（1Q）	3条生产线
法华厂区	15M	2M/年	15M	1条生产线

值得注意的是：

- 购买厂房只能在每年年末规定的时间（参见运营过程总表）进行，购买时只需要将等值现金放到厂房价值位置即可；已购买的厂房不需要缴纳租金。
- 如果厂房中有生产线，购买厂房时可不支付当年的厂房租金，即到缴纳厂房租金的操作时，在购买厂房与缴纳租金中，只选择一种操作即可。
- 厂房可随时出售，如厂房内有生产线，要求出售同时转为租赁，租赁厂房每年末支付租金，租赁期不满一年按照一年计算租金；
- 如果当年使用过厂房（其中有过生产线），但到最后一个季度将生产线出售了，也就是说运行到“支付租金”项目时，厂房中已经没有生产线了，这种情况不需要缴纳租金。
- 厂房不提折旧。

② 生产线购买、转产与维修、出售规则。模拟企业不同类型的生产线的主要区别在于生产组织的效率和灵活性，即单位时间内生产产品的数量和转产生产新产品时设备调整的难易性。要注意以下规则：

- 所有生产线都能生产所有产品。
- 生产线改造指的是生产线转产生产其他产品，如半自动生产线原来生产 Beryl 产品，如果转产 Crystal 产品，需要改装生产线，因此需要停工一个周期，并支付2M 的改造费用。有在制品不允许改造；手工线和柔性线改造时不需要停产及支付费用；半自动线和全自动线改造时需要停产一定周期并支付转产费用。
- 生产线不允许各组之间相互买卖。
- 新生产线的购买价格按安装周期平均支付，全部投资到位后方可投入使用；应该注意的是：一条生产线待最后一期投资到位后，下一季度才算且必须算安装完成，安装完成的生产线当季可以投入使用。
- 当年投资的生产线价值计入在建工程，当年不提折旧；生产线在开始生产后，才计算折旧，按年初生产线净值的1/3 取整计算折旧，如［20/3］=7；当生产线净值小于3M时，每年提1M 折旧；生产线完成折旧后，可以继续使用，不用提取折旧。生产线的剩余的残值可以保留，直到该生产线变卖为止。设备变卖，不影响折旧。
- 年末时，转入固定资产的生产线每条支付1M 的设备维护费；当年售出的生产线和新购正在安装的生产线不交纳维护费。

● 生产线安装完成的当年，不论是否开工生产，都必须交纳维护费；正在进行转产的生产线也必须交纳维护费。

● 生产线出售时，将出售的生产线的残值放入现金区；如果设备的净值大于残值（即没有提完折旧），从生产线净值中取出等同于残值的部分置于现金库，将净值大于残值的差额部分放入综合费用“其他”费用项目中，记入当年“综合费用”，并将生产线及产品标识交还给供应商即可完成变卖。

相关费用和周期见表7的详细说明。

表7　　生产线费用与周期规则

生产线	购买价格	安装周期	生产周期	改造周期	改造费用	维护费用	出售残值
手工线	5M	1Q	3Q	无	无	1M/年	1M
半自动	10M	2Q	2Q	1Q	2M	1M/年	3M
全自动	15M	3Q	1Q	2Q	6M	2M/年	6M
柔性线	25M	4Q	1Q	无	无	2M/年	10M

（2）融资渠道管理规则。企业融资渠道有银行贷款（分为长期贷款和短期贷款）、高利贷以及应收账款贴现三种，企业融资渠道及费用见表8。

表8　　企业融资渠道及费用

贷款类型	贷款时间	贷款额度	年息（%）	还款方式
长期贷款	每年年末	10M起贷短期贷款	10	年末付息，到期还本
短期贷款	每季度初	20M起贷，必须按20M的倍数申请	5	到期一次还本付息
高利贷	任何时间	与银行协商，10M为基本贷款单位	20	到期一次还本付息
应收账款贴现	任何时间	根据应收账款额度	贴现比例	变现时贴息

①银行贷款。注意以下具体规则：

● 企业间不允许私自融资，在经营期间，只允许向银行贷款。

● 一般情况下银行贷款总额（长期贷款+短期贷款）≤上年度所有者权益×2，新申请贷款的额度要减去已贷款数。

● 长期贷款最长期限为6年，最短期限为1年；长期贷款每年必须归还利息，到期还本，本利双清后，如果还有贷款额度时，才允许重新申请贷款。即：如果有贷款需要归还，同时还拥有贷款额度时，必须先归还到期的全部长期贷款，才能申请新贷款。不能以新长贷还旧长贷（续贷），短期贷款也按本规定执行。

● 短期贷款及高利贷期限为4个季度，贷款到期后方可返还。

● 结束年时，不要求归还未到期的长、短期贷款。

● 长、短期贷款不允许提前还款。

② 高利贷。高利贷贷款期限为一年（同短期贷款）。高利贷以 10M 为基本贷款单位，最多可以贷 40M。高利贷可以随时申请，即在运行过程的任何时间，都可以申请高利贷，但高利贷计息时间为运行当季的短期贷款申请时间，并随短期贷款的更新时间更新。高利贷必须按照短贷归还时间进行还本付息。结束年时，要求归还全部高利贷，否则，凡借入高利贷的企业均按每 10M 扣减 5 分来计算总分。

③ 贴现规则。应收款贴现可随时进行，包括次年用于支付广告费；贴现时，要考虑其账期长短，贴现比例为：1Q: 1/12；2Q: 1/10；3Q: 1/8；4Q: 1/6；注意应收款额多少应按照不同账期比例，分别取 13、11、9、7 的整数倍进行，保证贴现数值是整数。如将应收账（4Q）转为现金，应支付的费用，比例为 1:6，如拿 14 个贴现，2 个要交给银行，12 个转为现金。

④ 综合费用与折旧、税金。注意以下规则：

- 除购买厂房、设备外，行政管理费、市场开拓、营销广告、生产线转产、设备维护、厂房租金、ISO 认证、产品研发等计入综合管理费。
- 行政管理费每季度末支付 1M。
- 每年末按当年利润的 25% 计提所得税，并计入应付税金，在下一年初交纳，应取整数。
- 出现盈利时，按弥补以前年度亏损后的余额计提所得税。

6. 模拟经营过程规则。各模拟企业的成员均有一本经营记录表，必须按照角色分配来完成相应的职能单位的工作，按照 CEO 的指令，按照任务清单的顺序进行工作，并在每人一份的实验附录二的运营总表上对应每个经营时段进行记录，即当执行完规定的任务后，每个成员都要在任务清单完成框中打钩或记录与自己岗位相关的生产要素变化数据（如 CFO 在任务项目对应的方格内填写现金收支情况，采购经理记录材料库中的原材料变化数据，生产经理记录在制品变化的数据，销售经理负责竞标及把产品卖出去等），不能超前或者滞后，以便于整体数据的汇总、检查、计算和分析。当进行贷款、原材料订单、原材料采购、应收账款到期、交货、贴现等业务时，必须携带运行手册和相关的登记表，到交易处进行业务处理。

（1）借、还贷款记录。由财务总监填写“贷款登记表”，并携带本人的运行记录表到交易处进行贷款或还款登记，审核无误时可领取或归还贷款。

（2）原材料订单及采购记录。原材料订单和采购入库必须填写“采购订单登记表”，当每季度运行到采购入库时，携带现金、“采购订单登记表”和本人的运行记录表，到交易处购买原材料，交易员核对订单登记数量后进行交易。同时，应将下期的原材料订单在交易处进行登记。

（3）交货记录。交货时携带产品、订单和销售总监的运行手册，到交易处交货，收取应收账款欠条，并在“应收款登记表”上作应收账款登记，收到的应收账款欠条放在企业盘面上应收区的相应账期处。

（4）应收兑现记录。当应收款到期时，参赛队在“应收账款登记表”的到期季度填写“到款”数，并携带运行记录、应收款欠条和“应收账款登记表”，到交易处兑现，交易员要核对运行季度、欠款数量，核准后兑换资金，并将欠款条收回，将结果登记到监督报表中。

（5）产品、市场开发、ISO 认证记录。每年年末需填写“综合费用明细表”，其中要注明开发的市场、认证和研发产品的投资额，如果开发完成，才能获得市场准入或者领取相应产品生产订单资格。

（6）生产状态记录。企业运行期间，每季度末需要对本季度生产和设备状态进行记录，生产总监必须如实填写“生产及设备状态记录表”，该表每年必须上交。

（7）现金收支记录。在运行手册的任务清单中，财务总监在每一任务项目的记录格中记录现金收支数据。

（8）上报报表。每年运行结束后，各公司需要在规定的时间内上报规定的5张报表，这5张报表分别是：“产品销售统计表”、“综合费用明细表”、“利润表”、“资产负债表”和“生产及设备状态记录表”。

7. 模拟经营结果计算规则。

（1）破产规则。当企业的所有者权益小于零以及现金流断流时，即为破产。破产的小组不参与最后成绩排名；破产后，企业可以申请注资，继续经营，但必须按照产能争取订单。

（2）模拟经营总成绩计算。经过7个会计年度的经营，各小组的成绩按照下式确定。

企业经营总成绩 = 所有者权益 ×90% + 经营成绩合计 ×10%

具体经营成绩包括如下内容：

① 厂房：拥有新华厂房加40分，拥有上中厂房加30分，拥有法华厂房加20分；具体要求在该厂房内至少生产出来一件产品。

② 生产线：拥有手工线每条加5分，半自动每条加10分，全自动每条加15分，柔性每条加20分。只要没有生产出一个产品，都不能获得加分。

③ 融资渠道：借过高利贷即扣减20分，长贷每10M扣减5分，短贷每20M扣减10分。

④ 技术研发：Crystal产品开发完成加20分，Ruby产品开发完成加30分，Sapphire产品开发完成加40分。

⑤ ISO认证：ISO9000认证完成加15分，ISO14000认证完成加30分。

⑥ 市场开拓：区域市场开发完成加10分；国内市场开发完成加20分，亚洲市场开发完成加30分，国际市场开发完成加40分。

⑦ 市场领先：每一个产品最后一年市场领先得10分，由老师统计（见表9），告知各小组。

表9　　最终市场排名

组　名	Beryl	Crystal	Ruby	Sapphire
本地				
区域				
国内				
亚洲				
国际				

⑧ 每年度末提交报表，如果未按时提交，每分钟罚款1分；财务报表不平，强行平账、账实不符等罚总分10分；未按照规则运作，每一次违规罚总分10分。

附录三

实验报告

表 10　　　　**课程名称**

实验编号 及实验名称				系　别	
姓　名		学　号		班 级 组 号	班 第　组
实验地点		实验日期		实验时数	
指导教师		同组其他成员		成　绩	

一、实验目的及要求

1. 目的：

2. 要求：

二、实验环境及相关情况（包含使用软件、实验设备、主要仪器及材料等）

三、实验内容及步骤（包含简要的实验步骤流程）

四、实验结果（包括程序或图表、结论陈述、数据记录及分析等，可附页）

五、实验总结（包括心得体会、问题回答及实验改进意见，可附页）

六、教师评语

广告投放单

表 11

年度	产品 / 广告费 / 市场类型	Beryl	Crystal	Ruby	Sapphire	年度	产品 / 广告费 / 市场类型	Beryl	Crystal	Ruby	Sapphire
第　年	本地					第　年	本地				
	区域						区域				
	国内						国内				
	亚洲						亚洲				
	国际						国际				
年度	产品 / 广告费 / 市场类型	Beryl	Crystal	Ruby	Sapphire	年度	产品 / 广告费 / 市场类型	Beryl	Crystal	Ruby	Sapphire
第　年	本地					第　年	本地				
	区域						区域				
	国内						国内				
	亚洲						亚洲				
	国际						国际				
年度	产品 / 广告费 / 市场类型	Beryl	Crystal	Ruby	Sapphire	年度	产品 / 广告费 / 市场类型	Beryl	Crystal	Ruby	Sapphire
第　年	本地					第　年	本地				
	区域						区域				
	国内						国内				
	亚洲						亚洲				
	国际						国际				
年度	产品 / 广告费 / 市场类型	Beryl	Crystal	Ruby	Sapphire	年度	产品 / 广告费 / 市场类型	Beryl	Crystal	Ruby	Sapphire
第　年	本地					第　年	本地				
	区域						区域				
	国内						国内				
	亚洲						亚洲				
	国际						国际				

附录五

模拟企业简介及其市场预测

一、企业的经营状况

“跃进”公司是一个典型的离散型生产制造企业，是一家经营情况良好的本地企业，创建已有三年，目前拥有一个大厂房和包括三条手工生产线和一条半自动生产线的生产设备，经营状况良好。

这家企业采用的组织结构是直线职能制，内部设置有：财务部、营销部、生产部、采购部、研发部和信息部等职能部门。各个部门都有各自的主管人员，如财务经理、营销经理、生产经理、采购经理和研发经理等。

该企业目前的主打产品是Beryl，该产品的技术含量较低，在市场上竞争不激烈，但其发展还是不错，该产品市场状况见图4，成本—产量状况见图5。

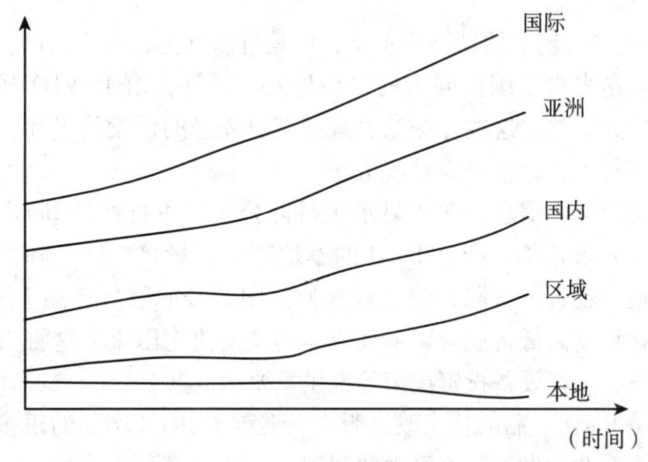

图4 Beryl市场发展趋势

不过，由于原来的管理层在企业发展上比较保守，特别是在市场开发、新产品的研发以及在市场开发方面投入比较少，倾向于保持现状，使得企业一直处于小规模经

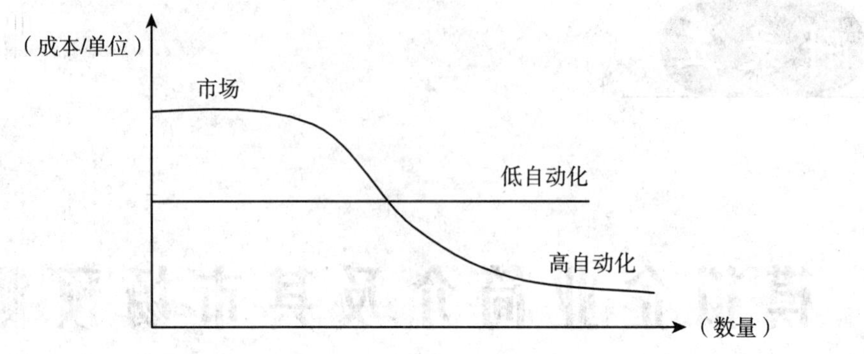

图 5　Beryl 成本——产量趋势

营的状况。当今，市场的竞争将越来越激烈，在未来的几年内，如果继续目前的经营模式，很可能会被市场逐渐淘汰。因而，该企业董事会决定引入新的管理层，他们希望新的管理层能够把握时机，抓住机遇，投资新产品开发，使公司的市场地位得到进一步提升；在全球市场广泛开放之际，积极开发本地市场以外的其他新市场，进一步拓展市场领域；扩大生产规模，采用现代化生产手段，努力提高生产效率，全面带领企业进入快速发展阶段。以下是关于“跃进”公司的一份关于市场发展的预测。这份预测来自于一家业内公认的权威市场调研咨询公司，它针对市场发展前景的预测有着较高的可信度，不过应当记住的是，这毕竟是预测，有可能不准确。

新的管理层上任之后，对市场未来的发展趋势应当有所了解，因为这将影响你们对于企业未来的战略规划和运作管理。现在我们来看一下未来几年的产品、市场和技术发展的预测。

1. 产品发展分析。未来企业可以选择经营的产品有四种，分别是产品 Beryl、Crystal、Ruby 和 Sapphire。

Beryl 产品目前在市场上的销路还不错，但是可以预见，在不久的将来激烈的竞争即将开始，一方面是来自于国内同行的纷纷仿效，另外，由于 WTO 开放之后，外国竞争者所构成的重大威胁。这些外国竞争者拥有更先进的研发技术和生产技术，如果企业不在产品上进行创新，将很容易落伍。

根据市场咨询公司的信息，图 4 显示了目前公司的主打产品 Beryl 在不同市场的销售量的趋势，在未来几年，产品 Beryl 的本地市场销量将持续下降，而且，公司目前主要投入的本地市场容量有限，缺乏成长性。图 5 表明随着产品 Beryl 的产量的增大，生产的自动化程度高低将成为影响其成本高低的决定因素。这将为我们做产品决策、市场开拓决策、生产设备投资决策等提供重要的依据。

Crystal 产品是 Beryl 产品的技术改进版，它继承了 Beryl 产品的很多优良特性，在一段时间内可以为企业的发展带来可观的利润。

Ruby 产品是一个完全重新设计的产品，采用了最新技术，在技术创新及有利于环保方面产生了很大的飞跃。但目前很难评估客户针对这种新技术的态度。

Sapphire 产品被视为一个符合未来技术的产品，大家都存在着期望，然而它的市场何时才能形成是一个完全未知的因素。

2. 市场分析。本地市场针对 Beryl 产品的需求开始减弱，而且利润空间也开始下滑。不过在未来几年中，还是有不少 Beryl 的需求，而 Crystal 产品的需求也开始慢慢多起来。

在市场预测中可以看到，区域市场在未来几年，Beryl 产品有一定销量，而 Crystal 产品销量较多。不过，相比本地市场和国内市场而言，区域市场的容量还是要低一些。

亚洲市场的开拓需要三年时间。因此针对其需求量的预测不能特别确定。该市场可能会有较高的容量，对于高技术含量的产品有较多的倾向性。

国际市场的开拓需要四年的时间。对于那些研发技术和设备相对落后的企业来说，该市场应该是一个比较理想的发展空间，对于 Beryl 产品的需求较多，而且利润空间较高。

参与竞争的企业在未来的发展中，将主要参考以下的市场预测。图 6 表示未来几个产品的发展趋势。

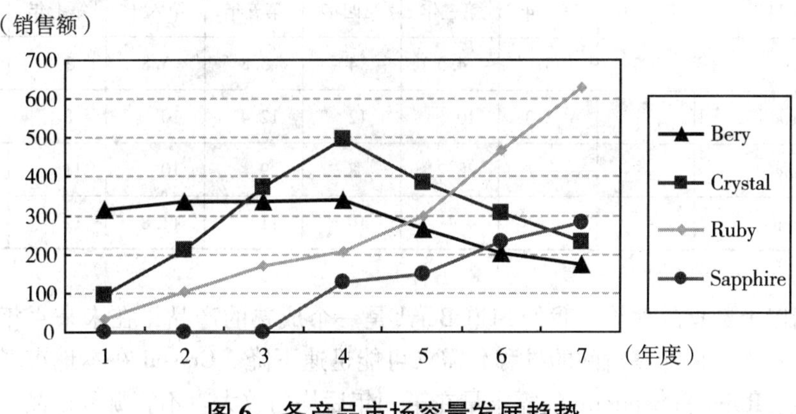

图 6　各产品市场容量发展趋势

3. 市场预测。总体来看，根据企业的实际情况可以比较准确地预计 1 ~3 年的销售情况，但由于市场存在很大的不确定性，4 ~7 年的预计只能作为一个参考，可能蕴涵很大的变化。

以下是各种产品在不同市场的销售量和单价的预测（见图 7），可以据此制定企业未来发展战略。

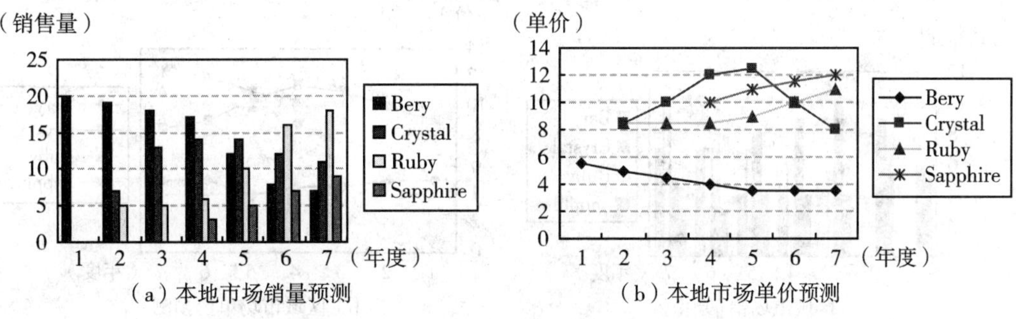

图 7　本地市场预测

① 本地市场的销售量和单价的预测。根据上面本地市场销量以及单价预测图可得到如表12和表13所示内容，作为我们广告投入决策以及生产决策的依据。对于后续的各市场的分析、预测，都可以采用同样方法，准确有效地进行预测。

表12　　本地市场系列产品需求量　　单位：个

项　目	第一年	第二年	第三年	第四年	第五年	第六年	第七年	合计
Beryl	20	19	18	17	13	13	12	112
Crystal	0	7	13	14	14	12	11	71
Ruby	0	5	5	6	10	16	18	60
Sapphire	0	0	0	3	5	7	9	24

表13　　本地市场系列产品价格　　单位：M

项　目	第一年	第二年	第三年	第四年	第五年	第六年	第七年	平均值
Beryl	5.5	5	4.5	4	3.8	3.8	3.8	4.3
Crystal	—	8.3	10	12	12.4	10	8	10.1
Ruby	—	—	8.2	8.2	9	10	11	9.28
Sapphire	—	—	—	10	11	11.8	12	11.2

根据以上数据的估算，我们知道Beryl是一个成熟的产品，在未来4年内本地市场上需求较大，但随着时间的推移，需求可能迅速下降。Crystal在本地市场的需求呈上升趋势。Ruby和Sapphire的需求量在第四年后均匀放大。不管哪种产品，未来都可能会要求企业具有ISO认证资格。

价格预测图可见，Beryl的单价逐年下滑，它的利润空间越来越小；Crystal在未来4年内利润空间在上升，Crystal的单价在经营的第六年之后急剧下降；随着产品的完善，Ruby和Sapphire的价格会逐步提高，处于升势。以上诸多信息可以帮助我们进行产品组合的决策，后面依此进行。

② 区域市场的销售量和单价的预测，见图8。

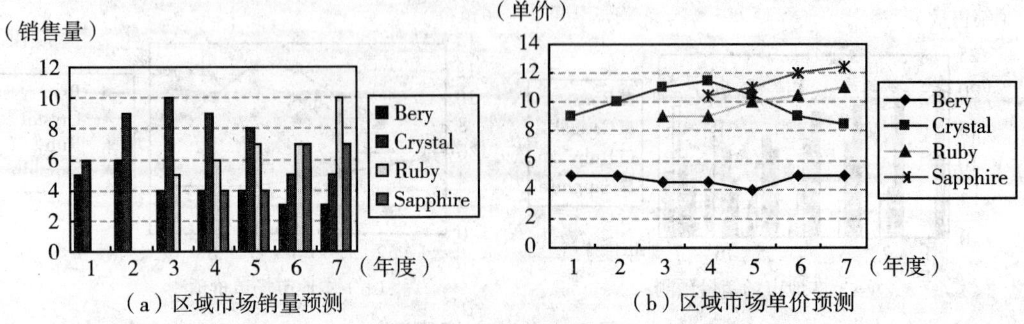

（a）区域市场销量预测　　（b）区域市场单价预测

图8　区域市场预测

区域市场的需求量相对本地市场来讲，容量不大，而且对客户的资质要求相对较严格，供应商可能要求具备 ISO 资格认证——包括 ISO9000 和 ISO14000 才可以允许接单。

由于对供应商的资格要求较严，竞争的激烈性相对较低，价格普遍比本地市场高。

③ 国内市场的销售量和单价的预测，见图 9。

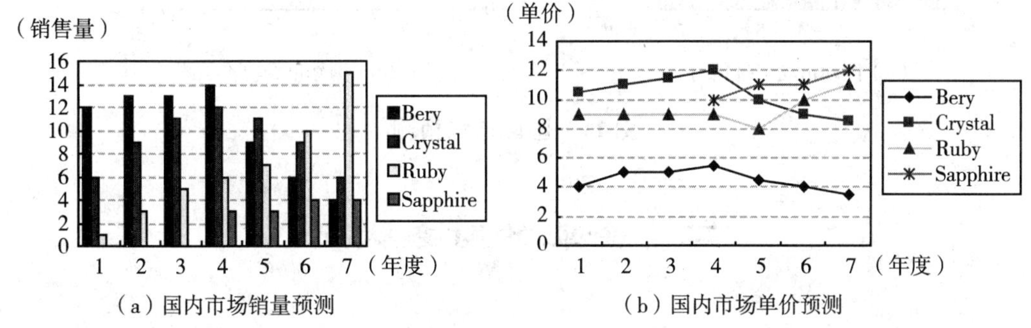

（a）国内市场销量预测　（b）国内市场单价预测

图 9　国内市场预测

Beryl、Crystal 的需求逐年上升，第 4 年达到顶峰，之后开始下滑。Ruby、Sapphire 需求预计呈上升趋势。同时供应商也可能要求得到 ISO9000 认证。

与销售量相类似，Beryl、Crystal 的价格逐年上升，第 4 年达到顶峰，之后开始下滑。Ruby、Sapphire 单价逐年稳步上升。

④ 亚洲市场的销售量和单价的预测，见图 10。

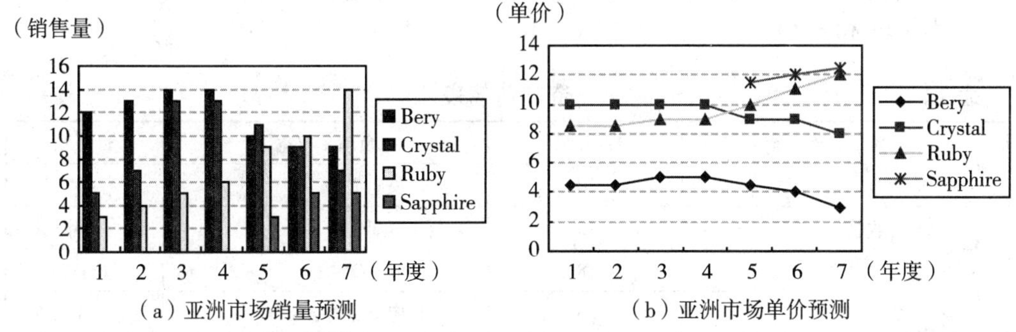

（a）亚洲市场销量预测　（b）亚洲市场单价预测

图 10　亚洲市场预测

所有产品几乎都供不应求。Beryl 在亚洲市场的价格相对于本地市场来说，没有竞争力；Crystal 的价格也逐步走低；而 Ruby 的价格很有诱惑力。

⑤ 国际市场的销售量和单价的预测，见图 11。

Beryl 的需求量非常大，产品 Crystal 和 Ruby 需求在逐年上升。在国际市场，Beryl 和 Crystal 的价格小幅攀升，利润空间增大，Ruby 和 Sapphire 的价格变化趋于平缓。受各种因素影响，价格变动风险很大。

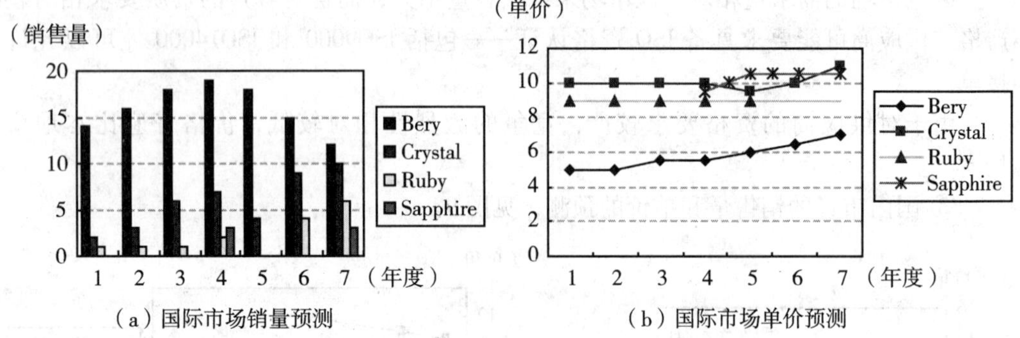

（a）国际市场销量预测　　（b）国际市场单价预测

图 11　国际市场预测

二、企业的财务状况

所谓财务状况，是指企业资产、负债、所有者权益的构成情况及其相互关系。企业财务状况由企业对外提供的主要财务报告——资产负债表来表述。资产负债表是根据资产、负债和所有者权益之间的相互关系，即“资产 = 负债 + 所有者权益”的恒等关系，按照一定的分类标准和一定的次序，把企业特定日期的资产、负债、所有者权益三项会计要素所属项目予以适当排列，并对日常会计工作中形成的会计数据进行加工、整理后编制而成的，其主要目的是为了反映企业在某一特定日期的财务状况。通过资产负债表，可以了解企业所掌握的经济资源及其分布情况；了解企业的资本结构；分析、评价、预测企业的短期偿债能力和长期偿债能力；正确评估企业的经营业绩，见表 14 和表 15。

表 14　　资产负债表

资　产	百万元	负债 + 权益	百万元
现金	20	长期负债	40
应收款	15	短期负债	0
在制品	8	应付款	0
成品	6	应交税金	1
原料	3	一年到期的长贷	0
流动资产合计	52	负债合计	41
固定资产		权益	
土地和建筑	40	股东资本	50
机器和设备	13	利润留存	11
在建工程	0	年度净利	3
固定资产合计	53	所有者权益合计	64
总资产	105	负债 + 权益	105

表 15 损益表

项目		金额/百万元
销售收入	+	35
直接成本	-	12
毛利	=	23
综合费用	-	11
折旧前利润	=	12
折旧	-	4
支付利息前利润	=	8
财务收入/支出	+/-	4
额外收入/支出	+/-	
税前利润	=	4
所得税	-	1
净利润	=	3

因为没有流动负债，企业变现能力和偿债能力比较强。企业的销售净利率为8.57%（销售净利率=净利润÷销售收入），资产负债率为39%（资产负债率=负债总额÷资产总额），由企业目前的基础财务数据看，该企业经营状况良好。

附录六

经营过程记录表

班　　级：

组　　号：

公司名称：

团队口号：

团队组成：

学号：__________ 姓名：__________ 职位：__________
学号：__________ 姓名：__________ 职位：__________
学号：__________ 姓名：__________ 职位：__________
学号：__________ 姓名：__________ 职位：__________
学号：__________ 姓名：__________ 职位：__________
学号：__________ 姓名：__________ 职位：__________
学号：__________ 姓名：__________ 职位：__________
学号：__________ 姓名：__________ 职位：__________
学号：__________ 姓名：__________ 职位：__________

时间：　　年　　月　　日

起始年

任务清单

每年年初：（根据提示，完成部分打钩）

（1）新年度规划会议 □

（2）参加订货会/支付广告费 □

（3）登记销售订单 □

（4）制订新年度计划 □

（5）支付应付税（根据上年度结果） □

每个季度：	一季度	二季度	三季度	四季度
（1）申请短期贷款/更新短期贷款/短款还本付息	□	□	□	□
（2）更新应付款/归还应付款	□	□	□	□
（3）更新原料订单/原材料入库	□	□	□	□
（4）下原料订单	□	□	□	□
（5）更新生产/完工入库	□	□	□	□
（6）投资新生产线/生产线转产/变卖生产线	□	□	□	□
（7）向其他企业购买原材料/出售原材料	□	□	□	□
（8）开始下一批生产	□	□	□	□
（9）更新应收款/应收款收现	□	□	□	□
（10）出售厂房	□	□	□	□
（11）向其他企业购买成品/出售成品	□	□	□	□
（12）按订单交货	□	□	□	□
（13）产品研发投资	□	□	□	□
（14）支付行政管理费用	□	□	□	□
（15）其他现金情况记录	□	□	□	□
（16）季末盘点	□	□	□	□

每年年末：

（1）申请长期贷款/更新长期贷款/长贷支付利息 □

（2）支付设备维修费 □

（3）支付租金（或购买厂房） □

（4）折旧 □

（5）新市场开拓投资/ISO资格认证投资 □

（6）关账，编制报表 □

起始年订单见表16。

表16 订单记录表

项　目	1	2	3	4	5	6	合计
市场	本地						
产品名称	Beryl						
账期	2Q						
交货期	Q2						
单价	5.4M						
订单数量	6						
订单销售额	32						
成本	12						
毛利	20						

起始年的财务报表，见表17至表19。

表17 综合管理费用明细表 单位：百万元

项　目	金　额
广告费	1
转产费	
产品研发	
行政管理	4
维修费	4
租金	
市场开拓	
ISO认证	
其他	
合计	9

表 18 **损益表** 单位：百万元

项　　目	年初数	期末数
一、销售收入	35	
减：成本	12	
二、毛利	23	
减：综合费用	11	
折旧	4	
财务净损益	4	
三、营业利润	4	
加：营业外净收益	0	
四、利润总额	4	
减：所得税	1	
五、净利润	3	

表 19 **资产负债表** 单位：百万元

资　产	年初数	期末数	负债及所有者权益	年初数	期末数
流动资产：			负债：		
现金	20		短期负债		
应收账款	15		应付账款	0	
原材料	3		应交税金	1	
产成品	6		长期负债	40	
在制品	8				
流动资产合计	52		负债合计	41	
固定资产：			所有者权益：		
土地建筑净值	40		股东资本	50	
机器设备净值	13		利润留存	11	
在建工程	0		当年净利润	3	
固定资产合计	53		所有者权益合计	64	
资产总计	105		负债及权益总计	105	

第二年

任务清单：

年初：（根据提示，完成部分打钩）

（1）新年度规划会议	□
（2）参加订货会/支付广告费	□
（3）登记销售订单	□
（4）制订新年度计划	□
（5）支付应付税（根据上年度结果）	□

每个季度：	一季度	二季度	三季度	四季度
（1）申请短期贷款/更新短期贷款/短款还本付息	□	□	□	□
（2）更新应付款/归还应付款	□	□	□	□
（3）更新原料订单/原材料入库	□	□	□	□
（4）下原料订单	□	□	□	□
（5）更新生产/完工入库	□	□	□	□
（6）投资新生产线/生产线转产/变卖生产线	□	□	□	□
（7）向其他企业购买原材料/出售原材料	□	□	□	□
（8）开始下一批生产	□	□	□	□
（9）更新应收款/应收款收现	□	□	□	□
（10）出售厂房	□	□	□	□
（11）向其他企业购买成品/出售成品	□	□	□	□
（12）按订单交货	□	□	□	□
（13）产品研发投资	□	□	□	□
（14）支付行政管理费用	□	□	□	□
（15）其他现金情况记录	□	□	□	□
（16）季末盘点	□	□	□	□

年末：

（1）申请长期贷款/更新长期贷款/长贷支付利息	□
（2）支付设备维修费	□
（3）支付租金（或购买厂房）	□
（4）折旧	□
（5）新市场开拓投资/ISO 资格认证投资	□
（6）关账，编制报表	□

第二年订单见表20。

表20　　　　订单记录表

项　目	1	2	3	4	5	6	合计
市场							
产品名称							
账期							
交货期							
单价							
订单数量							
订单销售额							
成本							
毛利							

第二年的现金流量表，见表21。

表21　　　　现金流量记录表

项　　目	1	2	3	4
应收款到期（+）				
变卖生产线（+）				
变卖原料（+）				
变卖厂房（+）				
短期贷款（+）				
高利贷贷款（+）				
长期贷款（+）				
收入总计				
支付上年应交税				
广告费				
贴现费用				
归还短贷及利息				
归还高利贷及利息				
原料采购支付现金				

续表

项　目	1	2	3	4
成品采购支付现金				
转产费				
生产线投资				
加工费用				
产品研发				
行政管理费				
长期贷款及利息				
维修费				
租金				
购买新建筑				
市场开拓投资				
ISO 认证投资				
其他				
支出总计				
现金余额				

第二年的财务报表，见表 22 至表 24。

表 22　　**综合管理费用明细表**　　单位：百万元

项　目	金　额
广告费	
转产费	
产品研发	
行政管理	
维修费	
租金	
市场开拓	
ISO 认证	
其他	
合计	

表 23　　　　损益表　　　　单位：百万元

项　　目	去　年	今　年
一、销售收入		
减：成本		
二、毛利		
减：综合费用		
折旧		
财务净损益		
三、营业利润		
加：营业外净收益		
四、利润总额		
减：所得税		
五、净利润		

表 24　　　　资产负债表　　　　单位：百万元

资　　产	年初数	期末数	负债及所有者权益	年初数	期末数
流动资产：			负债：		
现金			短期负债		
应收账款			应付账款		
原材料			应交税金		
产成品			长期负债		
在制品					
流动资产合计			负债合计		
固定资产：			所有者权益：		
土地建筑原价			股东资本		
机器设备净值			以前年度利润		
在建工程			当年净利润		
固定资产合计			所有者权益合计		
资产总计			负债及权益总计		

第三年

重要决策见表25至表27。

表25 重要决策记录表

一季度	二季度	三季度	四季度	年底

表26 现金预算表

项　　目	1	2	3	4
期初现金（+）				
变卖生产线（+）				
变卖原料（+）				
变卖厂房（+）				
应收款到期（+）				
支付上年应交税				
广告费投入				
贴现费用				
利息（短期贷款）				
支付到期短期贷款				
原料采购支付现金				
转产费				
生产线投资				
生产费用				
产品研发投资				
支付行政管理费用				
利息（长期贷款）				
支付到期长期贷款				
维修费费用				
租金				
购买新建筑				
市场开拓投资				
ISO认证投资				
其他				
现金余额				
需要新贷款				

注：有底纹的框可以不填。

表 27　　　　　　　　　　　产能预估表

		一季度	二季度	三季度	四季度
生产线 1	产品：				
生产线 2	产品：				
生产线 3	产品：				
生产线 4	产品：				
生产线 5	产品：				
生产线 6	产品：				
生产线 7	产品：				
生产线 8	产品：				

生产计划与物料需求计划，见表 28 至表 33。

表 28　　　　　　　　　　物料需求计划表（一）

产品：　　　　　　　　　　生产线类型：

项目	去年				今年			
	一季度	二季度	三季度	四季度	一季度	二季度	三季度	四季度
产出计划								
投产计划								
原材料需求								
原材料采购								

表 29　　　　　　　　　　物料需求计划表（二）

产品：　　　　　　　　　　生产线类型：

项目	去年				今年			
	一季度	二季度	三季度	四季度	一季度	二季度	三季度	四季度
产出计划								
投产计划								
原材料需求								
原材料采购								

表 30　　　　　　　　　　物料需求计划表（三）

产品：　　　　　　　　　　生产线类型：

项目	去年				今年			
	一季度	二季度	三季度	四季度	一季度	二季度	三季度	四季度
产出计划								
投产计划								
原材料需求								
原材料采购								

表 31　　　　物料需求计划表（四）

产品：　　　　　　生产线类型：

项目	去年				今年			
	一季度	二季度	三季度	四季度	一季度	二季度	三季度	四季度
产出计划								
投产计划								
原材料需求								
原材料采购								

表 32　　　　物料需求计划表（五）

产品：　　　　　　生产线类型：

项目	去年				今年			
	一季度	二季度	三季度	四季度	一季度	二季度	三季度	四季度
产出计划								
投产计划								
原材料需求								
原材料采购								

表 33　　　　采购计划汇总表

原材料	一季度	二季度	三季度	四季度
M1				
M2				
M3				
M4				

任务清单：

年初：（根据提示，完成部分打钩）

（1）新年度规划会议 □

（2）参加订货会/支付广告费 □

（3）登记销售订单 □

（4）制订新年度计划 □

（5）支付应付税（根据上年度结果） □

每个季度：	一季度	二季度	三季度	四季度
（1）申请短期贷款/更新短期贷款/短款还本付息	□	□	□	□
（2）更新应付款/归还应付款	□	□	□	□
（3）更新原料订单/原材料入库	□	□	□	□
（4）下原料订单	□	□	□	□

(5) 更新生产/完工入库 □ □ □ □
(6) 投资新生产线/生产线转产/变卖生产线 □ □ □ □
(7) 向其他企业购买原材料/出售原材料 □ □ □ □
(8) 开始下一批生产 □ □ □ □
(9) 更新应收款/应收款收现 □ □ □ □
(10) 出售厂房 □ □ □ □
(11) 向其他企业购买成品/出售成品 □ □ □ □
(12) 按订单交货 □ □ □ □
(13) 产品研发投资 □ □ □ □
(14) 支付行政管理费用 □ □ □ □
(15) 其他现金情况记录 □ □ □ □
(16) 季末盘点 □ □ □ □

年末:

(1) 申请长期贷款/更新长期贷款/长贷支付利息 □
(2) 支付设备维修费 □
(3) 支付租金（或购买厂房） □
(4) 折旧 □
(5) 新市场开拓投资/ISO 资格认证投资 □
(6) 关账，编制报表 □

第三年订单，见表 34。

表 34　　　　订单记录表

项　目	1	2	3	4	5	6	合计
市场							
产品名称							
账期							
交货期							
单价							
订单数量							
订单销售额							
成本							
毛利							

第三年的现金流量表，见表35。

表35 现金流量记录表

项　　目	1	2	3	4
应收款到期（+）				
变卖生产线（+）				
变卖原料（+）				
变卖厂房（+）				
短期贷款（+）				
高利贷贷款（+）				
长期贷款（+）				
收入总计				
支付上年应交税				
广告费				
贴现费用				
归还短贷及利息				
归还高利贷及利息				
原料采购支付现金				
成品采购支付现金				
转产费				
生产线投资				
加工费用				
产品研发				
行政管理费				
长期贷款及利息				
维修费				
租金				
购买新建筑				
市场开拓投资				
ISO 认证投资				
其他				
支出总计				
现金余额				

第三年的财务报表，见表36至表38。

表36 综合管理费用明细表 单位：百万元

项　目	金　额
广告费	
转产费	
产品研发	
行政管理	
维修费	
租金	
市场开拓	
ISO认证	
其他	
合计	

表37 损益表 单位：百万元

项　目	去　年	今　年
一、销售收入		
减：成本		
二、毛利		
减：综合费用		
折旧		
财务净损益		
三、营业利润		
加：营业外净收益		
四、利润总额		
减：所得税		
五、净利润		

表38 资产负债表 单位：百万元

资　产	年初数	期末数	负债及所有者权益	年初数	期末数
流动资产：			负债：		
现金			短期负债		
应收账款			应付账款		
原材料			应交税金		
产成品			长期负债		
在制品					
流动资产合计			负债合计		
固定资产：			所有者权益：		
土地建筑原价			股东资本		
机器设备净值			以前年度利润		
在建工程			当年净利润		
固定资产合计			所有者权益合计		
资产总计			负债及权益总计		

第四年

重要决策，见表39。

表39　　重要决策记录表

一季度	二季度	三季度	四季度	年底

现金预算表，见表40。

表40　　现金预算表

项　目	1	2	3	4
期初现金（+）				
变卖生产线（+）				
变卖原料（+）				
变卖厂房（+）				
应收款到期（+）				
支付上年应交税				
广告费投入				
贴现费用				
利息（短期贷款）				
支付到期短期贷款				
原料采购支付现金				
转产费				
生产线投资				
生产费用				
产品研发投资				
支付行政管理费用				
利息（长期贷款）				
支付到期长期贷款				
维修费费用				
租金				
购买新建筑				
市场开拓投资				
ISO 认证投资				
其他				
现金余额				
需要新贷款				

注：有底纹的框可以不填。

产能预估，见表41。

表41　　产能预估表

		一季度	二季度	三季度	四季度
生产线1	产品：				
生产线2	产品：				
生产线3	产品：				
生产线4	产品：				
生产线5	产品：				
生产线6	产品：				
生产线7	产品：				
生产线8	产品：				

生产计划与物料需求计划，见表42至表46。

表42　　物料需求计划表（一）

产品：　　　　生产线类型：

项目	去年				今年			
	一季度	二季度	三季度	四季度	一季度	二季度	三季度	四季度
产出计划								
投产计划								
原材料需求								
原材料采购								

表43　　物料需求计划表（二）

产品：　　　　生产线类型：

项目	去年				今年			
	一季度	二季度	三季度	四季度	一季度	二季度	三季度	四季度
产出计划								
投产计划								
原材料需求								
原材料采购								

表 44　　物料需求计划表（三）

产品：　　生产线类型：

项目	去年				今年			
	一季度	二季度	三季度	四季度	一季度	二季度	三季度	四季度
产出计划								
投产计划								
原材料需求								
原材料采购								

表 45　　物料需求计划表（四）

产品：　　生产线类型：

项目	去年				今年			
	一季度	二季度	三季度	四季度	一季度	二季度	三季度	四季度
产出计划								
投产计划								
原材料需求								
原材料采购								

表 46　　物料需求计划表（五）

产品：　　生产线类型：

项目	去年				今年			
	一季度	二季度	三季度	四季度	一季度	二季度	三季度	四季度
产出计划								
投产计划								
原材料需求								
原材料采购								

采购计划汇总，见表 47。

表 47　　采购计划汇总表

原材料	一季度	二季度	三季度	四季度
M1				
M2				
M3				
M4				

任务清单：

年初：（根据提示，完成部分打钩）

（1）新年度规划会议　□

（2）参加订货会/支付广告费　□

（3）登记销售订单 □
（4）制订新年度计划 □
（5）支付应付税（根据上年度结果） □

每个季度：

	一季度	二季度	三季度	四季度
（1）申请短期贷款/更新短期贷款/短款还本付息	□	□	□	□
（2）更新应付款/归还应付款	□	□	□	□
（3）更新原料订单/原材料入库	□	□	□	□
（4）下原料订单	□	□	□	□
（5）更新生产/完工入库	□	□	□	□
（6）投资新生产线/生产线转产/变卖生产线	□	□	□	□
（7）向其他企业购买原材料/出售原材料	□	□	□	□
（8）开始下一批生产	□	□	□	□
（9）更新应收款/应收款收现	□	□	□	□
（10）出售厂房	□	□	□	□
（11）向其他企业购买成品/出售成品	□	□	□	□
（12）按订单交货	□	□	□	□
（13）产品研发投资	□	□	□	□
（14）支付行政管理费用	□	□	□	□
（15）其他现金情况记录	□	□	□	□
（16）季末盘点	□	□	□	□

年末：

（1）申请长期贷款/更新长期贷款/长贷支付利息 □
（2）支付设备维修费 □
（3）支付租金（或购买厂房） □
（4）折旧 □
（5）新市场开拓投资/ISO 资格认证投资 □
（6）关账，编制报表 □

第四年订单，见表 48。

表 48 **订单登记表**

项　目	1	2	3	4	5	6	合计
市场							
产品名称							
账期							
交货期							
单价							
订单数量							
订单销售额							
成本							
毛利							

第四年的现金流量表，见表49。

表49　　　　　　　　　　现金流量记录表

项　　目	1	2	3	4
应收款到期（+）				
变卖生产线（+）				
变卖原料（+）				
变卖厂房（+）				
短期贷款（+）				
高利贷贷款（+）				
长期贷款（+）				
收入总计				
支付上年应交税				
广告费				
贴现费用				
归还短贷及利息				
归还高利贷及利息				
原料采购支付现金				
成品采购支付现金				
转产费				
生产线投资				
加工费用				
产品研发				
行政管理费				
长期贷款及利息				
维修费				
租金				
购买新建筑				
市场开拓投资				
ISO认证投资				
其他				
支出总计				
现金余额				

第四年的财务报表，见表50至表52。

表50　　综合管理费用明细表　　单位：百万元

项　　目	金　　额
广告费	
转产费	
产品研发	
行政管理	
维修费	
租金	
市场开拓	
ISO认证	
其他	
合计	

表51　　损益表　　单位：百万元

项　　目	去　　年	今　　年
一、销售收入		
减：成本		
二、毛利		
减：综合费用		
折旧		
财务净损益		
三、营业利润		
加：营业外净收益		
四、利润总额		
减：所得税		
五、净利润		

表52　　资产负债表　　单位：百万元

资　　产	年初数	期末数	负债及所有者权益	年初数	期末数
流动资产：			负债：		
现金			短期负债		
应收账款			应付账款		
原材料			应交税金		
产成品			长期负债		
在制品					
流动资产合计			负债合计		
固定资产：			所有者权益：		
土地建筑原价			股东资本		
机器设备净值			以前年度利润		
在建工程			当年净利润		
固定资产合计			所有者权益合计		
资产总计			负债及权益总计		

第五年

重要决策，见表53。

表53　　重要决策表

一季度	二季度	三季度	四季度	年底

现金预算表，见表54。

表54　　现金预算表

项　目	1	2	3	4
期初现金（+）				
变卖生产线（+）				
变卖原料（+）				
变卖厂房（+）				
应收款到期（+）				
支付上年应交税				
广告费投入				
贴现费用				
利息（短期贷款）				
支付到期短期贷款				
原料采购支付现金				
转产费				
生产线投资				
生产费用				
产品研发投资				
支付行政管理费用				
利息（长期贷款）				
支付到期长期贷款				
维修费费用				
租金				
购买新建筑				
市场开拓投资				
ISO 认证投资				
其他				
现金余额				
需要新贷款				

注：有底纹的框可以不填。

产能预估，见表55。

表55　　　　产能预估表

		一季度	二季度	三季度	四季度
生产线1	产品：				
生产线2	产品：				
生产线3	产品：				
生产线4	产品：				
生产线5	产品：				
生产线6	产品：				
生产线7	产品：				
生产线8	产品：				

生产计划与物料需求计划，见表56至表60。

表56　　　　物料需求计划表（一）

产品：　　　　　　生产线类型：

项目	去年				今年			
	一季度	二季度	三季度	四季度	一季度	二季度	三季度	四季度
产出计划								
投产计划								
原材料需求								
原材料采购								

表57　　　　物料需求计划表（二）

产品：　　　　　　生产线类型：

项目	去年				今年			
	一季度	二季度	三季度	四季度	一季度	二季度	三季度	四季度
产出计划								
投产计划								
原材料需求								
原材料采购								

表 58　　物料需求计划表（三）

产品：　　生产线类型：

项目	去年				今年			
	一季度	二季度	三季度	四季度	一季度	二季度	三季度	四季度
产出计划								
投产计划								
原材料需求								
原材料采购								

表 59　　物料需求计划表（四）

产品：　　生产线类型：

项目	去年				今年			
	一季度	二季度	三季度	四季度	一季度	二季度	三季度	四季度
产出计划								
投产计划								
原材料需求								
原材料采购								

表 60　　物料需求计划表（五）

产品：　　生产线类型：

项目	去年				今年			
	一季度	二季度	三季度	四季度	一季度	二季度	三季度	四季度
产出计划								
投产计划								
原材料需求								
原材料采购								

采购计划汇总，见表 61。

表 61　　采购计划汇总表

原材料	一季度	二季度	三季度	四季度
M1				
M2				
M3				
M4				

任务清单：

年初：（根据提示，完成部分打钩）

（1）新年度规划会议 □

（2）参加订货会/支付广告费 □

(3) 登记销售订单 □
(4) 制订新年度计划 □
(5) 支付应付税（根据上年度结果） □

每个季度： 一季度 二季度 三季度 四季度

(1) 申请短期贷款/更新短期贷款/短款还本付息 □ □ □ □
(2) 更新应付款/归还应付款 □ □ □ □
(3) 更新原料订单/原材料入库 □ □ □ □
(4) 下原料订单 □ □ □ □
(5) 更新生产/完工入库 □ □ □ □
(6) 投资新生产线/生产线转产/变卖生产线 □ □ □ □
(7) 向其他企业购买原材料/出售原材料 □ □ □ □
(8) 开始下一批生产 □ □ □ □
(9) 更新应收款/应收款收现 □ □ □ □
(10) 出售厂房 □ □ □ □
(11) 向其他企业购买成品/出售成品 □ □ □ □
(12) 按订单交货 □ □ □ □
(13) 产品研发投资 □ □ □ □
(14) 支付行政管理费用 □ □ □ □
(15) 其他现金情况记录 □ □ □ □
(16) 季末盘点 □ □ □ □

年末：

(1) 申请长期贷款/更新长期贷款/长贷支付利息 □
(2) 支付设备维修费 □
(3) 支付租金（或购买厂房） □
(4) 折旧 □
(5) 新市场开拓投资/ISO 资格认证投资 □
(6) 关账，编制报表 □

第五年订单，见表 62。

表 62 订单登记表

项　目								合计
市场								
产品名称								
账期								
交货期								
单价								
订单数量								
订单销售额								
成本								
毛利								

第五年的现金流量表，见表63。

表63　　　　现金流量记录表

项　目	1	2	3	4
应收款到期（+）				
变卖生产线（+）				
变卖原料（+）				
变卖厂房（+）				
短期贷款（+）				
高利贷贷款（+）				
长期贷款（+）				
收入总计				
支付上年应交税				
广告费				
贴现费用				
归还短贷及利息				
归还高利贷及利息				
原料采购支付现金				
成品采购支付现金				
转产费				
生产线投资				
加工费用				
产品研发				
行政管理费				
长期贷款及利息				
维修费				
租金				
购买新建筑				
市场开拓投资				
ISO 认证投资				
其他				
支出总计				
现金余额				

第五年的财务报表，见表64至表66。

表64 综合管理费用明细表 单位：百万元

项目	金额
广告费	
转产费	
产品研发	
行政管理	
维修费	
租金	
市场开拓	
ISO 认证	
其他	
合计	

表65 损益表 单位：百万元

项目	去年	今年
一、销售收入		
减：成本		
二、毛利		
减：综合费用		
折旧		
财务净损益		
三、营业利润		
加：营业外净收益		
四、利润总额		
减：所得税		
五、净利润		

表66 资产负债表 单位：百万元

资产	年初数	期末数	负债及所有者权益	年初数	期末数
流动资产：			负债：		
现金			短期负债		
应收账款			应付账款		
原材料			应交税金		
产成品			长期负债		
在制品					
流动资产合计			负债合计		
固定资产：			所有者权益：		
土地建筑原价			股东资本		
机器设备净值			以前年度利润		
在建工程			当年净利润		
固定资产合计			所有者权益合计		
资产总计			负债及权益总计		

第六年

重要决策，见表67。

表67　　重要决策表

一季度	二季度	三季度	四季度	年底

现金预算表，见表68。

表68　　现金预算表

项　　目	1	2	3	4
期初现金（+）				
变卖生产线（+）				
变卖原料（+）				
变卖厂房（+）				
应收款到期（+）				
支付上年应交税				
广告费投入				
贴现费用				
利息（短期贷款）				
支付到期短期贷款				
原料采购支付现金				
转产费				
生产线投资				
生产费用				
产品研发投资				
支付行政管理费用				
利息（长期贷款）				
支付到期长期贷款				
维修费费用				
租金				
购买新建筑				
市场开拓投资				
ISO 认证投资				
其他				
现金余额				
需要新贷款				

注：有底纹的框可以不填。

产能预估，见表69。

表69　　产能预估表

		一季度	二季度	三季度	四季度
生产线1	产品：				
生产线2	产品：				
生产线3	产品：				
生产线4	产品：				
生产线5	产品：				
生产线6	产品：				
生产线7	产品：				
生产线8	产品：				

生产计划与物料需求计划，见表70至表74。

表70　　物料需求计划表（一）

产品：　　　　　　　生产线类型：

项目	去年				今年			
	一季度	二季度	三季度	四季度	一季度	二季度	三季度	四季度
产出计划								
投产计划								
原材料需求								
原材料采购								

表71　　物料需求计划表（二）

产品：　　　　　　　生产线类型：

项目	去年				今年			
	一季度	二季度	三季度	四季度	一季度	二季度	三季度	四季度
产出计划								
投产计划								
原材料需求								
原材料采购								

表72　　物料需求计划表（三）

产品：　　　　　　　生产线类型：

项目	去年				今年			
	一季度	二季度	三季度	四季度	一季度	二季度	三季度	四季度
产出计划								
投产计划								
原材料需求								
原材料采购								

表 73　　物料需求计划表（四）

产品：　　　　　　　　生产线类型：

项目	去年				今年			
	一季度	二季度	三季度	四季度	一季度	二季度	三季度	四季度
产出计划								
投产计划								
原材料需求								
原材料采购								

表 74　　物料需求计划表（五）

产品：　　　　　　　　生产线类型：

项目	去年				今年			
	一季度	二季度	三季度	四季度	一季度	二季度	三季度	四季度
产出计划								
投产计划								
原材料需求								
原材料采购								

采购计划汇总，见表 75。

表 75　　采购计划汇总表

原材料	一季度	二季度	三季度	四季度
M1				
M2				
M3				
M4				

任务清单：

年初：（根据提示，完成部分打钩）

（1）新年度规划会议 □

（2）参加订货会/支付广告费 □

（3）登记销售订单 □

（4）制订新年度计划 □

（5）支付应付税（根据上年度结果） □

每个季度：	一季度	二季度	三季度	四季度
（1）申请短期贷款/更新短期贷款/短款还本付息	□	□	□	□
（2）更新应付款/归还应付款	□	□	□	□

(3) 更新原料订单/原材料入库 □ □ □ □
(4) 下原料订单 □ □ □ □
(5) 更新生产/完工入库 □ □ □ □
(6) 投资新生产线/生产线转产/变卖生产线 □ □ □ □
(7) 向其他企业购买原材料/出售原材料 □ □ □ □
(8) 开始下一批生产 □ □ □ □
(9) 更新应收款/应收款收现 □ □ □ □
(10) 出售厂房 □ □ □ □
(11) 向其他企业购买成品/出售成品 □ □ □ □
(12) 按订单交货 □ □ □ □
(13) 产品研发投资 □ □ □ □
(14) 支付行政管理费用 □ □ □ □
(15) 其他现金情况记录 □ □ □ □
(16) 季末盘点 □ □ □ □

年末：

(1) 申请长期贷款/更新长期贷款/长贷支付利息 □
(2) 支付设备维修费 □
(3) 支付租金（或购买厂房） □
(4) 折旧 □
(5) 新市场开拓投资/ISO 资格认证投资 □
(6) 关账，编制报表 □

第六年订单，见表 76。

表 76　　订单登记表

项　目	1	2	3	4	5	6	合计
市场							
产品名称							
账期							
交货期							
单价							
订单数量							
订单销售额							
成本							
毛利							

第六年的现金流量表，见表77。

表77　　现金流量记录表

项　目	1	2	3	4
应收款到期（+）				
变卖生产线（+）				
变卖原料（+）				
变卖厂房（+）				
短期贷款（+）				
高利贷贷款（+）				
长期贷款（+）				
收入总计				
支付上年应交税				
广告费				
贴现费用				
归还短贷及利息				
归还高利贷及利息				
原料采购支付现金				
成品采购支付现金				
转产费				
生产线投资				
加工费用				
产品研发				
行政管理费				
长期贷款及利息				
维修费				
租金				
购买新建筑				
市场开拓投资				
ISO认证投资				
其他				
支出总计				
现金余额				

第六年的财务报表，见表78至表80。

表78 综合管理费用明细表 单位：百万元

项　　目	金　　额
广告费	
转产费	
产品研发	
行政管理	
维修费	
租金	
市场开拓	
ISO 认证	
其他	
合计	

表79 损益表 单位：百万元

项　　目	去　　年	今　　年
一、销售收入		
减：成本		
二、毛利		
减：综合费用		
折旧		
财务净损益		
三、营业利润		
加：营业外净收益		
四、利润总额		
减：所得税		
五、净利润		

表80 资产负债表 单位：百万元

资　　产	年初数	期末数	负债及所有者权益	年初数	期末数
流动资产：			负债：		
现金			短期负债		
应收账款			应付账款		
原材料			应交税金		
产成品			长期负债		
在制品					
流动资产合计			负债合计		
固定资产：			所有者权益：		
土地建筑原价			股东资本		
机器设备净值			以前年度利润		
在建工程			当年净利润		
固定资产合计			所有者权益合计		
资产总计			负债及权益总计		

第七年

重要决策，见表81。

表81　　　　　　　　　　　　　　重要决策表

一季度	二季度	三季度	四季度	年底

现金预算表，见表82。

表82　　　　　　　　　　　　　　现金预算表

项　目	1	2	3	4
期初现金（+）				
变卖生产线（+）				
变卖原料（+）				
变卖厂房（+）				
应收款到期（+）				
支付上年应交税				
广告费投入				
贴现费用				
利息（短期贷款）				
支付到期短期贷款				
原料采购支付现金				
转产费				
生产线投资				
生产费用				
产品研发投资				
支付行政管理费用				
利息（长期贷款）				
支付到期长期贷款				
维修费费用				
租金				
购买新建筑				
市场开拓投资				
ISO 认证投资				
其他				
现金余额				
需要新贷款				

注：有底纹的框可以不填。

产能预估，见表83。

表83 **产能预估表**

		一季度	二季度	三季度	四季度
生产线1	产品：				
生产线2	产品：				
生产线3	产品：				
生产线4	产品：				
生产线5	产品：				
生产线6	产品：				
生产线7	产品：				
生产线8	产品：				

生产计划与物料需求计划，见表84至表88。

表84 **物料需求计划表（一）**

产品： 生产线类型：

项目	去年				今年			
	一季度	二季度	三季度	四季度	一季度	二季度	三季度	四季度
产出计划								
投产计划								
原材料需求								
原材料采购								

表85 **物料需求计划表（二）**

产品： 生产线类型：

项目	去年				今年			
	一季度	二季度	三季度	四季度	一季度	二季度	三季度	四季度
产出计划								
投产计划								
原材料需求								
原材料采购								

表 86　　物料需求计划表（三）

产品：　　生产线类型：

项目	去年				今年			
	一季度	二季度	三季度	四季度	一季度	二季度	三季度	四季度
产出计划								
投产计划								
原材料需求								
原材料采购								

表 87　　物料需求计划表（四）

产品：　　生产线类型：

项目	去年				今年			
	一季度	二季度	三季度	四季度	一季度	二季度	三季度	四季度
产出计划								
投产计划								
原材料需求								
原材料采购								

表 88　　物料需求计划表（五）

产品：　　生产线类型：

项目	去年				今年			
	一季度	二季度	三季度	四季度	一季度	二季度	三季度	四季度
产出计划								
投产计划								
原材料需求								
原材料采购								

采购计划汇总，见表 89。

表 89　　采购计划汇总表

原材料	一季度	二季度	三季度	四季度
M1				
M2				
M3				
M4				

任务清单：

年初：（根据提示，完成部分打钩）

（1）新年度规划会议 □

（2）参加订货会/支付广告费 □

（3）登记销售订单 □

（4）制订新年度计划 □

（5）支付应付税（根据上年度结果） □

每个季度：

	一季度	二季度	三季度	四季度
（1）申请短期贷款/更新短期贷款/短款还本付息	□	□	□	□
（2）更新应付款/归还应付款	□	□	□	□
（3）更新原料订单/原材料入库	□	□	□	□
（4）下原料订单	□	□	□	□
（5）更新生产/完工入库	□	□	□	□
（6）投资新生产线/生产线转产/变卖生产线	□	□	□	□
（7）向其他企业购买原材料/出售原材料	□	□	□	□
（8）开始下一批生产	□	□	□	□
（9）更新应收款/应收款收现	□	□	□	□
（10）出售厂房	□	□	□	□
（11）向其他企业购买成品/出售成品	□	□	□	□
（12）按订单交货	□	□	□	□
（13）产品研发投资	□	□	□	□
（14）支付行政管理费用	□	□	□	□
（15）其他现金情况记录	□	□	□	□
（16）季末盘点	□	□	□	□

年末：

（1）申请长期贷款/更新长期贷款/长贷支付利息 □

（2）支付设备维修费 □

（3）支付租金（或购买厂房） □

（4）折旧 □

（5）新市场开拓投资/ISO 资格认证投资 □

（6）关账，编制报表 □

第七年订单，见表 90。

表 90 **订单登记表**

项　目	1	2	3	4	5	6	合计
市场							
产品名称							
账期							
交货期							
单价							
订单数量							
订单销售额							
成本							
毛利							

第七年的现金流量表，见表91。

表91 **现金流量记录表**

项　目	1	2	3	4
应收款到期（+）				
变卖生产线（+）				
变卖原料（+）				
变卖厂房（+）				
短期贷款（+）				
高利贷贷款（+）				
长期贷款（+）				
收入总计				
支付上年应交税				
广告费				
贴现费用				
归还短贷及利息				
归还高利贷及利息				
原料采购支付现金				
成品采购支付现金				
转产费				
生产线投资				
加工费用				
产品研发				
行政管理费				
长期贷款及利息				
维修费				
租金				
购买新建筑				
市场开拓投资				
ISO 认证投资				
其他				
支出总计				
现金余额				

第七年的财务报表，见表92至表94。

表92 **综合管理费用明细表** 单位：百万元

项　　目	金　　额
广告费	
转产费	
产品研发	
行政管理	
维修费	
租金	
市场开拓	
ISO认证	
其他	
合计	

表93 **损益表** 单位：百万元

项　　目	去　　年	今　　年
一、销售收入		
减：成本		
二、毛利		
减：综合费用		
折旧		
财务净损益		
三、营业利润		
加：营业外净收益		
四、利润总额		
减：所得税		
五、净利润		

资产负债表，见表94。

表94 **资产负债表** 单位：百万元

资　　产	年初数	期末数	负债及所有者权益	年初数	期末数
流动资产：			负债：		
现金			短期负债		
应收账款			应付账款		
原材料			应交税金		
产成品			长期负债		
在制品					
流动资产合计			负债合计		
固定资产：			所有者权益：		
土地建筑原价			股东资本		
机器设备净值			以前年度利润		
在建工程			当年净利润		
固定资产合计			所有者权益合计		
资产总计			负债及权益总计		

参考文献

1. 菲利普·科特勒．市场营销管理［M］．北京：清华大学出版社，2009

2. 夏远强，叶剑明．企业管理 ERP 沙盘模拟教程［M］．北京：电子工业出版社，2009

3. 于桂平，陈欣．ERP 沙盘模拟对抗实训教程［M］．北京：北京理工大学出版社，2009

4. 迈克尔·波特．竞争战略［M］．北京：华夏出版社，2005

5. 蔡树堂．企业战略管理［M］．上海：立信会计出版社，2005

6. 弗雷德·R·戴维．战略管理［M］．北京：经济科学出版社，2001

7. 邵一明等．企业战略管理［M］．上海：立信会计出版社，2005

8. 李仕明．现代企业经营战略管理［M］．成都：电子科技大学出版社，1994

9. 宝贡敏．现代企业战略管理［M］．郑州：河南人民出版社，2001

10. 陈明，张健．沙盘模拟实训教程［M］．北京：化学工业出版社，2009

11. 宋克勤．生产能运作管理教程［M］．上海：上海财经大学出版社，2002

12. 陈荣秋，马士华．生产与运作管理［M］．北京：高等教育出版社，2005

13. 尤建新．企业管理概论［M］．北京：高等教育出版社，2008

14. 黄德贵，黄瑞荣，孔小文．企业财务管理［M］．广州：暨南大学出版社，1992

15. 钟新桥，刘荣英，杨洛新．现代企业财务管理［M］．武汉：武汉理工大学出版社，2006

16. 刘慧娟．财务管理［M］．武汉：华中理工大学出版社，2007

17. 李淑平，蒋葵．中级财务管理［M］．武汉：武汉理工大学出版社，2007

18. 钟新桥，龙子午．管理会计学［M］．武汉：武汉理工大学出版社，2007

参考文献